Nina Ruge

Stille – Balsam für Herz und Seele

Nina Ruge

Stille – Balsam für Herz und Seele

KREUZ

www.kreuz-verlag.de

Umschlaggestaltung und Konzeption: Agentur R.M.E
Eschlbeck / Hanel / Gober
Umschlagmotiv: © plainpicture

Satz: Arnold & Domnick, Leipzig
Herstellung: fgb · freiburger graphische betriebe
www.fgb.de

Gedruckt auf umweltfreundlichem, chlorfrei gebleichtem
Papier
Printed in Germany

ISBN 978-3-7831-8013-8

Inhalt

Vorwort

Als Studentin hatte ich ein Acht-Quadratmeter-Zimmer in einer Wohngemeinschaft. Das war seine 80 D-Mark pro Monat nicht wert. Denn das winzige Fenster war nicht klein genug, um den höllischen Straßenlärm abzuwehren. Die Hamburger Straße in Braunschweig ist eine Ausfallstraße, und der Feind in meinem Ohr hatte einen Namen: LKW. Da sich direkt vor unserem Haus eine Ampel befand, bekam ich alles serviert, was ein LKW so an Geräuschen von sich geben kann. Kreissägen-Quietschen, schwallartiges Röhren, asthmatisches Schnaufen, aggressivstes Gedröhn. Nach drei Semestern hatte ich das Glück, ein billiges Gartenhäuschen zu finden, 100 D-Mark pro Zimmer. Es war schlecht heizbar, feucht, hatte Mäuse und Klopfkäfer hinter der Tapete, und einmal im Jahr waren die Wände schwarz, weil Millionen fliegender Ameisen beschlossen, die Welt zu erobern.

Doch es lag – wie sein Name verrät – in einem Garten, ganz nah der Universität. Ich hörte Vögel zwitschern, Regen tropfen und Wind wehen.

Erst als der Schmerz nachließ – die Folter, die Ohren, Herz und Seele zappeln ließ – begriff ich den Wert der Stille.

Diese Erfahrung ordne ich auf der zehnstufigen Richterskala des Nervenbebens auf Quäl-Einheit Nr. 7 ein. Jeder kennt solche Terror-Nächte, jeder spürt unmittelbar, dass ein Lärm-Dauerfeuer krank macht. Seelisch wie körperlich. Jeder versucht, eine solche Quälerei zu meiden. Was Hunderttausenden nicht gelingen kann, für die Lärm am Arbeitsplatz der Alltag ist. Wenn Geräusche objektiv gemessen werden, bewegen wir uns beim Straßenlärm mit LKW vor der Ampel im 65 bis 80-Dezibel-Bereich. Der ist fürchterlich, gar keine Frage.

Doch was ist mit dem niedrigeren Bereich? Zwischen 40 bis 60 Dezibel tummeln sich die sogenannten ‚normalen' Geräusche. Gespräche in Zimmerlautstärke, gedämpftes Radiogedudel.
20 bis 40 Dezibel gibt ein tickender Wecker von sich. Oder der Ventilator, der in meinem Computer rauscht.
0 bis 20 Dezibel: Der Wald rauscht sanft. Ein Kind flüstert leise. Ich klappe ein Buch zu. Und atme.

Also: Gesucht ist alles unter 20 dB – und Stille wirkt? Genau das ist das Thema dieses Buches. Die Stille sozusagen als Kokosnuss.
Da gibt es die harte, abweisende Schale, die das schützt, was innen ist. Die Lärmschutzwand. Lärm muss natürlich draußen bleiben. Und jeder definiert für sich selbst, was dazu gehört. Beispiel Musik. Wann wird sie Lärm?

Können wir Stille überhaupt gut aushalten? Wann beginnt die Sucht nach Geräuschen, nach dem akustischen Reiz, ohne den wir nicht leben wollen? Ich meine das berühmte Dauerberieseln, zum großen Teil selbst erzeugt. Vom MP3-Player-Knopf im Ohr über das Autoradio, das beim Motorstarten von selbst los singt bis zum Fernseher, der abends im Bett die Schlechte-Nacht-Geschichte erzählt.

Was ist der Maßstab, an dem wir Stille messen, die uns gut tut? Da reicht die Einteilung in Dezibel nicht. Der Maßstab für jeden steckt sozusagen im Fruchtfleisch unserer Kokosnuss. Es ist die Sehnsucht – nach Ruhe, Wärme und Geborgenheit. Nach Frieden. Danach, frei Atem zu holen. Das Leben zu spüren.
Manche haben diese Sehnsucht, wenn auch versteckt unter der harten Schale. Andere haben sie nicht, und die frönen deshalb lustvoll ihrer Sucht – nach den Stimmen aus dem

Fernseher, nach der Musik aus dem Player, nach der Kneipe, in der man brüllen muss, um ein Bier zu bestellen.

Jedem das Seine – und ich meine das absolut ironiefrei. Der eine sucht die Stille – der andere nicht. Der eine ahnt, dass Stille ein Tor sein kann nach innen – der andere ahnt es nicht oder will es auch nicht ahnen.
Klar, ich gehöre zu denen, die Sehnsucht haben unter ihrer Schale, sonst hätte ich dieses Buch ja nie gemacht.
Jeder, der Stille sucht, wird sie finden. Die Frage ist nur, wie tief sie wirken darf. Darf sie nur außen sein, an der Schale, dringt sie bis zum Fruchtfleisch – oder erreicht sie gar das Innen, ist sie in der Kokosmilch?
Spätestens an dieser Stelle hinkt er erheblich, dieser botanische Vergleich. Ich fand es ja zumindest ansatzweise passend, mir mein Inneres, mein Seelenleben – im Verhältnis zu Schale und Fruchtfleisch – als groß, strukturlos und

sehr nahrhaft vorzustellen. Doch es gibt einen wesentlichen Unterschied. Denn die Quelle der Ruhe – ist nicht die Kokosmilch. Die Quelle der Ruhe liegt in mir, ganz tief unten, innen, in meiner Mitte.

Und äußere Stille ist das Tor zur Quelle der Stille innen.
Das heißt: Wenn ich zur Quelle der Stille möchte, dann muss ich was tun. Es reicht nicht, den Computer auszuschalten, mich hinzusetzen und den Gedanken zu erlauben, von der Leine zu gehen.

Das hat zweierlei zur Folge:

Zuerst geht es darum, eine Vorstellung zu entwickeln, wo ich denn hin will, wo ich genau suche – nach der Quelle der Stille. Ob ich mir Grenzen setzen will. Oder ob ich den Mut habe, auf Abenteuerreise zu gehen – nicht mehr und nicht weniger. Denn eine neue Di-

mension zu entdecken, das ist ein Abenteuer, keine Frage. Nur: Was ist das denn für eine neue Dimension?

Das genau ist das Zweite: Es gibt kein Wort dafür. Zumindest keines, das allgemeinverbindlich gilt, heute, im 21. Jahrhundert. Für Gläubige ist es Gott. Andere nennen es „Bewusstheit", „Seele", „Ganzheit" und noch vieles andere. Allem begrifflichen Ringen ist eins gemeinsam: Sein Inhalt wird dann erst für uns wahr, wenn wir aufhören, ihn in Worte packen zu wollen. Denn in genau diesem Moment entzieht er sich. Wie der Regenbogen, dem wir zu nahe kommen.

Genau das ist das Abenteuer der neuen Dimension. Wir treten ein in einen Zustand der Erkenntnis, die sich den Worten, die sich der Sprache konsequent entzieht. Das verunsichert uns. Denn Worte sind die Boote des Verstandes im Meer der Bewusstheit. Will hei-

ßen: eine Gotteserfahrung machen, Bewusstheit erlangen oder das grandiose Geschenk des Lebens feiern – das geht nicht mit Worten. Dafür brauchen wir andere Fähigkeiten in uns. Sie sind da – wir haben sie. Nur trauen wir ihnen oft nicht.
Deshalb macht sie vielen Angst, die Stille, die ein Tor zu dieser unheimlich-großartigen Erfahrung ist.
Doch die Angst ist ein Scheinriese. Sie wird allmählich kleiner, wenn man auf sie zu geht. Und schließlich ist das Tor der Stille ein freundlicher Durchgang. Ein Rosenbogen in einen Garten, in dem ich die Mitte finde.

Also treten Sie ein. Das haben schon so viele andere getan. Von ihnen lesen Sie hier. Und da staunen wir doch: Wie kann man über das, was nicht in Worte zu fassen ist, so wunderbar schreiben?

NINA RUGE

Ich liebe diese Stunde, die anders ist, kommt und geht. Nein, nicht die Stunde, diesen Augenblick liebe ich, der so still ist. Diesen Anfangs-Augenblick, diese Initiale der Stille, diesen ersten Stern, diesen Anfang. Dieses Etwas in mir, das aufsteht, wie junge Mädchen aufstehn in ihrer weißen Mansarde. In der weißen Mansarde, in der sie wohnen … Nun aber ist die weiße Mansarde das Leben, und wenn man am Morgen an das immer offene Fenster tritt, so sieht man die Welt. Große Bäume sieht man, die immer noch wachsen, Vögel sieht man, und große Zweige schwanken vor ihrem Abflug, und es ist, als wäre der Wind in einem Tier und in den Stämmen der Stille.
Ich liebe diesen Wind, diesen weiten verwandelnden Wind, der dem Frühling vorangeht, ich liebe das Geräusch dieses Windes und seine ferne Gebärde, die mitten durch alle Dinge geht, als wären sie nicht.

RAINER MARIA RILKE

1

Eine plärrende Welt. Der Suchtstoff Lärm

Lärm entsteht im Kopf. Wenn ich meine Antennen immer nur auf Empfang nach außen gerichtet habe, kann ich vor lauter Krach bald meine eigenen Gedanken nicht mehr hören. Die Wurzel unserer neuzeitlichen Dauer-Beschallung beschreibt sich auch sehr schön in feinem Soziologen-Deutsch: Eine Gesellschaft, die sich als Gemeinschaft zur kollektiven Konsumsteigerung versteht, macht zwangsläufig Krach. Ohne Lärm keine Konsumgüterproduktion, ohne Lärm keine Werbung für den massenhaften Verkauf, ohne Lärm kein Massenkonsum.
Unser Lebensstandard ist explodiert und damit der Lärmpegel gleich mit.

Räume der Stille dagegen – wer sucht sie heute noch bewusst? Im Gegenteil: Fällt die Haustür hinter einem ins Schloss und dämpft damit den Straßenlärm, dann dreht man das Radio an. Oder den Fernseher. Oder die CD. Jeder quakt ins Handy – gerne überall und sowieso

immer. Am interessantesten genießt man die Handy-Lärmverschmutzung, wenn man unter Wohnzimmer-Bedingungen gemeinsam reist: im Zugabteil, im Bus, in der Straßenbahn. Und ganz besonders schrill im Ohr: an der Supermarktkasse, im Restaurant; oder einfach mitten im Gespräch – überfallartig wird parallelgequakt.
Lärm ist ein Spiegel unserer modernen Seele. Wir haben uns mit Haut und Haaren an das Außen verkauft, wir funktionieren, und wir konsumieren. In einer Glocke von Geräuschen, Stimmen, Motoren, Musiken – die wir uns selber geschaffen haben.
Und was geschieht, wenn wir uns doch einmal in Räume der Stille verirren? In eine Kirche vielleicht, einen Wald, auf den Friedhof sogar? Umhüllt uns dann ein ganz anderer Kokon? Äußere Stille, innere Ruhe, die Süße des Lebens? Oder macht uns die Stille geradezu beklommen? Stille – sie ist auch kühl wie die Einsamkeit, eiskalt wie der Tod. Und

schweißtreibend, wenn wir unter der beruhigten Oberfläche unserer Seele plötzlich etwas zu sehen bekommen, was wir bitteschön vergessen wollen: Alles, was an Gefühlen, Ängsten, Unsicherem in uns ist.
Also ganz schnell wieder zurück in unsere Alltags-Rüstung aus Lärm, Stress und Atemlosigkeit?
Nein. Denn wenn wir unsere Antennen nach innen richten, wenn wir genau hinfühlen, dann entdecken wir einen Raum in uns, in dem etwas gedeihen kann, was uns gut tut. Wir spüren, wie sie zu wachsen beginnt, uns stärkt und zutiefst berührt: Die Kraft der Stille.

Verwechsle Bewegung nicht mit Bedeutung.

SURYA DAS *1950
in den USA geborener Lama des tibetischen Buddhismus

Es gibt keine Stille in den Städten der Weißen. Das Geklapper beleidigt unsere Ohren. Was lohnt das Leben nicht, wenn man nicht mehr den einsamen Schrei des Ziegenmelkervogels hören kann oder das Gestreite der Frösche am Teich bei Nacht. Ich bin ein roter Mann und versteh nicht, warum ein solcher Lärm sein muss in den Städten der Weißen. Der Indianer mag das sanfte Geräusch des Windes, der über die Teichfläche streicht. Er mag den Geruch des Windes, gereinigt vom Mittagsregen oder schwer vom Duft der Kiefer.

FREDERIK HETMAN nach dem Bericht eines Indianers

Die moderne Menschheit macht so viel Lärm, weil sie die Stimme des Gewissens übertönen möchte.

FULTON J. SHEEN 1883–1934
amerikanischer Erzbischof

Im Herbst steht
In den Gärten die Stille
Für die wir
Keine Zeit haben.

VICTOR AUBERTIN 1870–1928
Schriftsteller in Berlin

Wenn das Meer ruhig ist, dann dringt der Blick der Fische bis zur Bewegung auf den Grund, so dass ihnen fast nichts von den Lebewesen verborgen bleibt, die dort ihre Pfade ziehen. Wenn das Meer aber von Winden aufgewühlt ist, dann verbirgt es im Dunkel der Wogen, was es im Lächeln der Windstille gern sehen lässt.

DIADOCHUS VON PHOTIKE 5. Jh.
Asket

Der Hintergrund der Welt

Große Wahrheiten sind nie mit Getöse in die Welt hinausposaunt worden. Sie brauchen keine Verstärker und keine Lautsprecher. Sie brauchen Menschen, die noch wirklich hören können.

Als der Prophet Elia in der Wüste auf die Erscheinung des Ewigen wartete, kam zuerst ein mächtiger Wind auf, der mit lautem Getöse Berge zerriss und Felsen zerbrach, dann bebte die Erde und schließlich entzündete sich ein Feuer. Doch in diesen sensationellen Manifestationen war der Ewige nicht zu entdecken. Er zeigte sich schließlich als „stilles, sanftes Sausen" (Martin Luther), als „Stimme verschwebenden Schweigens" (Martin Buber).

In beeindruckender Einigkeit verweisen alle Religionen auf die Notwendigkeit der Stille. Sie bildet den Hintergrund der Welt. Sie eröffnet Räume und führt in ungeahnte Weiten. Sie ist unteilbar und ewig. „Es gibt vielerlei

Lärme, aber es gibt nur eine Stille“ (Kurt Tucholsky).
Und diese eine Stille ist heute Gold wert.

LORENZ MARTI *1952
schweizer Journalist

Gott spricht immer wieder, auf die eine oder andere Weise,
nur wir Menschen hören nicht darauf!

DIE BIBEL
Hiob 33,14

„Wenn ich Arzt wäre und man mich fragte: Was rätst du? – Ich würde antworten: Schaffe Stille.“

SÖREN KIERKEGAARD 1813–1855
dänischer Philosoph

In Ruhe allein sein

So habe ich oft gesagt, dass alles Unglück der Menschen einem entstammt, nämlich, dass sie unfähig sind, in Ruhe allein in ihrem Zimmer bleiben zu können. (...)
Sie haben einen geheimen Trieb, der sie treibt, außer Haus Zerstreuungen und Beschäftigungen zu suchen, (...) und sie haben einen anderen geheimen Trieb, der sie ahnen lässt, dass das Glück in Wirklichkeit in der Ruhe und nicht im Lärm des Umtriebs liegt; und aus diesen beiden gegensätzlichen Trieben bilden sie einen verworrenen Plan, der sich im Unbewussten ihrer Seele verbirgt, und der sie dazu bringt, die Ruhe durch die Unruhe zu suchen, und sich dabei immer einzubilden, dass sie das Glück, das sie nicht haben, haben würden, sobald sie etliche Schwierigkeiten, die sie gerade vor sich sehen, überwunden hätten, und dass sie dann die Tür zu geruhsamem Leben öffnen könnten.

So verrinnt das ganze Leben: Man sucht die Ruhe, indem man einige Schwierigkeiten, die uns hindern, überwinden will; und hat man sie überwunden, dann wird die Ruhe unerträglich. Denn entweder denkt man an die Sorgen, die man hat, oder an die, die uns drohen.

BLAISE PASCAL 1623–1662
französischer Mathematiker und Philosoph

Es gibt freilich genug Menschen, die leben nicht, sie erledigen nur noch.

ERNST PETZOLDT 1892–1955
deutscher Schriftsteller und Bildhauer

Ich fürchte, sage ich, dass Du, eingekeilt in Deine zahlreichen Beschäftigungen, keinen Ausweg mehr siehst und deshalb Deine Stirn verhärtest; dass Du Dich nach und nach des Gespürs für einen durchaus richtigen und heilsamen Schmerz entledigst.
Es ist viel klüger, Du entziehst Dich von Zeit zu Zeit Deinen Beschäftigungen, als dass sie Dich ziehen und Dich nach und nach an einen Punkt führen, an dem Du nicht landen willst. Du fragst, an welchen Punkt? An den Punkt, wo das Herz hart wird. (…)
Das harte Herz ist allein; es ist sich selbst nicht zuwider, weil es sich selbst nicht spürt. Was fragst Du *mich?* Frage den Pharao (Ex 7,13 u.a.). Keiner mit hartem Herzen hat je das Heil erlangt, es sei denn, Gott habe sich seiner erbarmt und ihm, wie der Prophet sagt, sein Herz aus Stein weggenommen und ihm ein Herz aus Fleisch gegeben (Ez 36,26).
Was ist als ein hartes Herz? Das ist ein Herz, welches sich weder von Reue zerreißen, noch

durch Zuneigung erweichen, noch durch Bitten bewegen lässt (...). Um kurz und knapp alle Übel dieser schrecklichen Krankheit auf einen Nenner zu bringen: Einem harten Herzen ist die Gottesfurcht und das Gespür für die Menschen abhanden gekommen.
Schau, dahin ziehen Dich diese verfluchten Beschäftigungen, wenn Du so wie bisher weitermachst und Dich ihnen auslieferst, ohne Dir etwas für Dich vorzubehalten. (...) Du verausgabst Dich selbst in ihnen in sinnloser Mühe, die nur den Geist versehrt, das Herz aushöhlt und die Gnade verpuffen lässt. Denn was sind die Früchte von all dem? Sind es nicht bloße Spinnweben?

BERNHARD von CLAIRVAUX 1090–1153
französischer Abt des Zisterzienserordens

Workaholic

Immer alle Hände
Voll zu tun.
So kann die Stille
Mir nicht zeigen,
Dass mir Freunde fehlen.

Den Kopf voll
Nüchterner Probleme.
So lässt die Sehnsucht
Mich nicht spüren,
Dass mir Liebe fehlt.

Den Bauch voller Hektik.
So ist kein Platz
Für Zweifel,
Ob ich mir selbst
Nicht fehle. (...)

JOCHEN MARISS

Ein Mann sitzt auf seinem geschwind dahin galoppierenden Pferd, und es hat den Anschein, als müsse er ganz schnell zu einer dringenden Verabredung. Am Wegesrand steht ein anderer Mann. Der ruft: „Wohin des Weges?" Worauf der Reiter antwortet: „Keine Ahnung! Frage das Pferd!"

THICH NHAT HANH *1926
buddhistischer Mönch und Lehrer aus Vietnam

Hundert Stunden im Stress richten oft weniger aus als hundert Minuten der Stille. In der Stille lernt man, Wesentliches vom Unwesentlichen zu unterscheiden.

HERMANN ROHDE

Wer seine Gesetze im eigenen Innern hat, der wandelt in Verborgenheit; wer sein Gesetz im Äußeren hat, des Wille ist darauf gerichtet, Schätze zu sammeln.
Wer in Verborgenheit wandelt, der hat Licht in allem, was er tut. Wessen Wille darauf gerichtet ist, Schätze zu sammeln, der ist nur ein Krämer.
(…)
Wer die Außenwelt zu erschöpfen sucht, in den dringt die Außenwelt ein. Wer von der Außenwelt eingenommen ist, der kann nicht einmal sein eigenes Ich gelten lassen; wie sollte er die Menschen gelten lassen?

DSCHUANG DSI 365–290 v. Chr.
chinesischer Philosoph und Dichter

Besinne dich, komm wieder zu dir. Wie du beim Aufwachen gesehen, dass es Träume waren, was dich beunruhigt hat: Siehe auch das, was dir im Wachen begegnet, nicht anders an!

MARK AUREL 121–180
römischer Kaiser und stoischer Philosoph

Wer in der Einsamkeit der Wüste lebt, wird drei Kämpfen entrissen:
Dem Hören, dem Reden, dem Sehen.
Der einzige Kampf, der bleibt, ist der Kampf mit sich selbst.

ABBAS POIMEN 5. Jh.
christlicher Einsiedler in der ägyptischen Wüste

Nichts ist, das dich bewegt:
Du selbst bist das Rad,
das aus sich selbsten lauft
und keine Ruhe hat.

ANGELUS SILESIUS 1624–1677
schlesischer Lyriker und Theologe

Wie ein Umschlag heilt Stille die Schläge des Lärms.

OLIVER WENDELL HOLMES 1809–1894
amerikanischer Arzt und Schriftsteller

2

Sehnsucht nach Stille

Alle, die Leben mit Lärm verwechseln, kommen irgendwann dahin. Spüren auf einmal dieses schale Nichts, diese Unlust, ekelhaft wie ein gemeiner Kater, als hätte man Dutzende Nächte durchgemacht.
Was ist passiert? Das Betäubungsmittel lässt nach. Der Schmerz ist nicht mehr zu überdecken. Es ist ein Phantomschmerz. Denn es schmerzt, was verloren ist, aber so wertvoll war: Die Fülle des Lebens. Nicht zu verwechseln mit Unmengen von Erlebtem. Es wiegt den Verlust nicht auf: den Verlust an Tiefe, an Liebesfähigkeit und Glücksempfinden.

Auch medizinisch gibt es einen Fachbegriff dafür: „Depressive Verstimmung", manchmal ganz nah am Burnout. Und die tiefe Sehnsucht, die mit der Frage erwacht: „Da war doch noch was?"
Da war doch mal eine Heiterkeit, die aufstieg, aus den Zehenspitzen, einfach so. Eine tiefe Freude am Leben. Ein Glücksgefühl, das plötz-

lich da war, an dich gelehnt. Ohne frisch verliebt zu sein, ohne Thaimassage, Sushi oder Lena-Konzert.

Alle, die Leben mit Lärm verwechseln, beginnen irgendwann zu leiden. Verdrängungskünstler werden zeitlebens glauben, der Chef sei schuld. Oder der Lebenspartner. Es ist das verdammt gemeine Gefühl, am Leben vorbei zu leben. Den kostbarsten Schatz leichtfertig zu vertun. Das nagt, das macht aggressiv, das macht depressiv.

Doch Sehnsucht ist eine sehr praktische Stimmungslage. Nimmst du sie ernst, dann weist sie dir den Weg:
‚Wenn du gesprungen, dann hast du den Ort der Landung längst geträumt'. Und der ist tief innen, ist ganz nah, ist mitten im Leben.

Ich küsse dich Nacht
meine träumende Heimat
Deine Stille
ist die Wahrheit
nicht der Tag mit
seiner lauten Wirklichkeit
Ich liebe dich
Und deine zahllosen Lichter
du schenkst mir
den schlaflosen Traum
flüsterst Liebesworte
und gibst mir Mut

ROSE AUSLÄNDER 1901 – 1988
deutsch- und englischsprachige Dichterin

Mein Sein weint

Er, den ich mit meinem Namen umschließe, er weint im Gefängnis. Ich bin immer geschäftig, die Mauer um ihn zu bauen, und wie der Wall in den Himmel wächst Tag für Tag, verliere ich in seinem tiefen Schatten mein wahres Sein aus dem Auge.
Ich bin stolz auf die mächtige Mauer, verklebe sie mit Staub und mit Sand; dass nicht das kleinste Loch in diesem Namen bleibe. Bei all dieser Sorge verliere ich mein wahres Sein aus dem Auge.

RABINDRANATH TAGORE 1861 – 1941
bengalischer Dichter und Philosoph

Schweigen

Nach langen Diskussionen oder Gesprächen habe ich meist nur noch ein Bedürfnis – zu schweigen. Es ist, wie wenn ich körperlich spüren würde, dass Wort und Schweigen einander bedingen, wie Einatmen und Ausatmen, wie Ebbe und Flut. (…)
Das äußere Schweigen dient der inneren Stille, in der die Antennen nach innen gerichtet werden. Wer schweigt, bleibt zwar weiterhin in der Sprache, er gibt ihr aber keinen hörbaren Ausdruck. Wer schweigt, ist bei sich selbst in jenem stillen Raum, der überhaupt die Vorbedingung für Denken, Inspiration und Bewegung ist. Entstehen lassen, hören, warten, sammeln sind seine Quellen, zu denen wir immer wieder heimkehren müssen, um unsere Selbstgespräche zu erneuern und unsere Gespräche zu erfrischen. Ohne Schweigen gäbe es kein Vergessen und Verzeihen, meinte Max Picard (1948). Schweigen bahnt den Zu-

gang zu unserem Herzen, deswegen schweigen Liebende, weil sich im Schwiegen die Liebe besser ausbreiten kann als beim Reden. Die Feinspürigkeit, Hellhörigkeit und Hellsichtigkeit, die Liebende umgibt – hängt sie womöglich nicht damit zusammen, dass sie den Regungen ihres Herzens besser lauschen können, wenn sie Verschworene im Schweigen sind? So bereitet sich letztlich jede Wandlung im Menschen durch das Schweigen vor, wie beim Maler die leere Leinwand die Voraussetzung ist, um seine Erfahrungen in Ausdruck umzusetzen. So wie wir ein kulinarisches Erlebnis nur genießen, wenn wir zuvor einen leeren Magen haben, wird auch unser Geist nur dann für Eingebungen empfänglich, wenn er dafür immer wieder freigemacht wird.

Aus meiner Arbeit mit Menschen weiß ich, dass Schweigen nicht nur gut tut, es ermöglicht auch Tiefe und vermag manches zu heilen. Wenn wir uns entlasten und Raum für Reflexion und Inspiration schaffen wollen, so sollten wir uns immer wieder mit der Welt des Schweigens in Beziehung setzen, in der sich vieles von selbst ordnet und ausgleicht.

IRMTRAUD TARR *1950
Konzertorganistin, Therapeutin, Autorin

Klänge sind nur Schaumblasen auf der Oberfläche der Stille.

JOHN CAGE 1912–1992
amerikanischer Komponist und Künstler

Wie an dem Tag, der dich der Welt verliehen,
die Sonne stand zum Gruße der Planeten,
bist also fort und fort gediehen,
nach dem Gesetz, wonach du angetreten,
so musst du sein, dir kannst du nicht entflie-
hen,
so sagten schon Sibyllen und Propheten;
und keine Zeit und keine Macht zerstückelt
geprägte Form, die lebend sich entwickelt.

JOHANN WOLGANG von GOETHE
1749–1832
Dichter

Jeder ist für das verantwortlich, was er ausstrahlt.

WILLIGIS JÄGER *1925
Benediktiner und Zen-Meister

Der indische Weise Nisargadatta Maharaj wurde einmal gefragt: „Wie kann ich meine innere Unruhe auflösen, deren Quelle sich meinem Bewusstsein entzieht?"
Er gab zur Antwort:
„Indem du bei dir selbst bist. Indem du dich in deinem Alltag mit wachem Interesse beobachtest, mit der Absicht zu verstehen, statt zu verurteilen. Indem du alles, was auftauchen mag, vollständig akzeptierst, weil es da ist. Wenn du das tust, lockst du das, was sich in der Tiefe befindet, an die Oberfläche, so dass es mit seinen bisher gefesselten Energien dein Leben und dein Bewusstsein bereichern kann.
Dies ist das große Werk des Gewahrseins. Es beseitigt Hindernisse und befreit Energien, indem es zum Verständnis der Natur des Lebens und des Geistes führt.
Einsicht ist die Tür zur Freiheit, und wahre Aufmerksamkeit ist die Mutter der Einsicht."

AUS INDIEN

Das Glück der Zufriedenheit aber besteht darin, dass ich mit mir selbst und der Welt in Frieden bin. Trotz aller Bedrängnisse sage ich Ja zu meinem Leben und zur Welt – weil diese schon immer bejaht ist, weil ich bejaht bin. Wir alle, die dem Glück nachjagen, brauchen zuerst die Suche nach Frieden, nach Versöhnung, und darum den Raum der Stille, in dem wir das Ja Gottes zu uns und zur Welt vernehmen können.

Die Kunst, recht zu leben und glücklich zu werden, ist für den Glaubenden das Vertrauen, dass er, auch wenn noch so viel Lärm ihn umgibt und ihn viele divergierende Stimmen auseinanderzerren, das gute Wort Gottes in seinem Inneren vernimmt.

ODILO LECHNER *1931
Altabt der Benediktinerklöster Andechs und St. Bonifaz, München

Reinen Herzens

Gott begegnet man überall, aber nicht auf jede Weise. Es gibt keine Veranlassung, die Gotteserfahrung zu banalisieren. Nicht jede ästhetische Ekstase, erotische Verzückung, intellektuelle Bewunderung, biologische Freude, Leid oder Begeisterung an der Natur sind Erfahrungen des Göttlichen. Sie könnten es sein, aber genau genommen müssen es reine Erfahrungen sein. Dies also ist die Bedingung: die Reinheit des Herzens.
Wir wiederholen: „Selig, die ein reines Herz haben; denn sie werden Gott schauen" (Matthäus 5, 8) – sie werden die Erfahrung Gottes machen. Ein reines Herz ist ein leeres Herz, ohne Ego, fähig, in die Tiefe zu gelangen, in der das Göttliche wohnt.

RAIMON PANIKKAR *1918
spanischer Priester und Religionsphilosoph

Dich selber
zu entdecken
Und dann dich selber
Nach dir selbst
zu strecken.

CHRISTIAN MORGENSTERN 1871–1914
deutscher Dichter

Die Sorge wickelt den Geist ein,
die Ruhe wickelt ihn aus.

GILBERT von HOYLAND 12. Jahrhundert
englischer Zisterzienser-Abt

Wandern auf dem eigenen Weg

Was macht eine Reise zur Pilgerschaft? Wir können den Jakobsweg in voller Länge absolvieren und doch keine Pilger sein. Wir können alle vorgeschriebenen Stationen passiert haben, und doch ist unser Geist immer noch der Alte. Wenn Pilgern uns nicht zutiefst verwandelt, sind wir nur spazieren gegangen. Pilgern ist also eine Bewegung in Herz und Geist, und die äußere Fortbewegung ist nur das Mittel, das diese Verwandlung möglich macht. Deshalb können wir Pilger sein, auch wenn wir uns eine Pilgerreise zeitlich, gesundheitlich oder finanziell nicht leisten können. Unser eigenes Leben ist die Landschaft, die wir als Pilger durchwandern, und sie wird dieselben Überraschungen, Abenteuer, Abgründe und Freuden für uns bereithalten wie der Jakobsweg.

Pilgern ist eine spirituelle Praxis, der Pilger sucht heilige Orte auf in der Absicht, sich zu läutern, Gott zu begegnen oder Erleuchtung zu realisieren. Aber Gott oder die Erleuchtung wohnen nicht an bestimmten, weit entfernten Orten; wir können sie jederzeit in unserem ganz gewöhnlichen Leben erfahren. Vielleicht liegt unser Jerusalem in unserem Vorgarten, unser Berg Kailash irgendwo im Allgäu. Vielleicht aber werden wir im Lauf unserer Pilgerschaft erkennen, dass der heiligste aller Orte immer schon ganz nahe war: nämlich unserem eigenen Herzen und Geist.

MARGRIT IRGANG *1948
deutsche Schriftstellerin

Du hast vielleicht noch gar nicht bemerkt, dass es in deinem Leben bereits spontan und ganz von selbst kurze Zeiten „gedankenfreier Bewusstheit" gibt. Unter Umständen bist du, während du gerade einer Tätigkeit nachgehst, durch ein Zimmer schreitest oder auf deinen Abflug wartest, so absolut präsent, dass der normale mentale Druck zu denken abnimmt und durch eine bewusste Gegenwärtigkeit ersetzt wird.
Vielleicht betrachtest Du auch den Himmel oder hörst jemandem zu, ohne im Geiste einen Kommentar dazu abzugeben. Ungetrübt von Gedanken ist deine Wahrnehmung kristallklar.
(...)
In Wahrheit ist es das Allerwichtigste, das dir *je* widerfahren kann. Es ist der Beginn eines Wechsels vom Denken hin zu bewusster Gegenwärtigkeit.

ECKHART TOLLE

Aber all diese Unrast ist recht töricht. Du hast doch zu jeder beliebigen Stunde des Tages die Möglichkeit, dich in dich selbst zurückzuziehen! Es gibt ja nirgends eine ruhigere und ungestörtere Stätte, zu der ein Mensch flüchten könnte, als die eigene Seele, vor allem für den Menschen, der in seinem Innern die Werte trägt, deren Betrachtung ihm augenblicklich Erleichterung gewährt.
Mit dieser Erleichterung meine ich nichts anderes als die Wiederherstellung des inneren Gleichgewichtes.

Gönne dir also diese stille Einkehr, und erneuere dich selbst!

MARK AUREL

Mitten im Gelärm das innere Schweigen bewahren. Offen, still, feuchter Humus im fruchtbaren Dunkel bleiben, wo Regen fällt und Saat wächst – stapfen auch noch so viele im trockenen Tageslicht über die Erde im wirbelnden Staub.

DAG HAMMARSKJÖLD 1905–1961
schwedischer Politiker, UN-Generalsekretär

Kommt zu mir, alle ihr Mühseligen und Beladenen!
Und ich werde euch Ruhe geben.

JESUS von NAZARETH
Matthäus 11,28

Stille

Nur auf die Stille achten, die Stille hören! Bis wir in der Stille arbeiten können, sprechen können, bis die Ruhe der Hintergrund geworden ist, auf dem sich alles zeigt. Gehen in der Stille, arbeiten in der Stille, warten in der Stille, im Bus, in der Einkaufsschlange, beim Arzt, im Lärm des Verkehrs.
Die Stille heilt. Sie ist das einzige wirkliche Mittel gegen Stress. Die Ruhe macht etwas mit uns. Ungeahnte Kräfte liegen in der Ruhe, ordnende, heilende, harmonisierende Kräfte. Sagt uns nicht schon die Astrophysik, dass in den leeren Räumen des Universums die stärksten Energien zu Hause sind? (…)

Schauen, ohne etwas Bestimmtes sehen zu wollen. Reines Offensein. Eine Blume anschauen, ohne sie zu zerlegen in Farbe und Form. Einen Baum, einen Menschen aufnehmen, wie er ist, ohne Wertung, ohne Urteil, ohne ihn einzusortieren in unsere Denkmuster und Schubladen. Die Welt offenbart sich aufs Neue. Sie bekommt eine neue Farbe, wie Rumi sagt. Wir sollen uns aus dem Gefängnis unserer Aktivität hinausstehlen in die Stille, meint er. Dem Lärm sollen wir sterben, der uns wie eine Wolke einhüllt. Das führt nicht aus dem Leben hinaus. Es führt in das wirkliche Leben, das sich nur auf dem „Hintergrund Gott“ wirklich offenbart. Er ist ein Gott, der sich im Schweigen offenbart.

WILLIGIS JÄGER

Der innere Frieden ist das Ziel bewusster Lebensführung.

JOSHUA LIEBMAN 1907–1948
amerikanischer Rabbi und Buchautor

Stille ist kein Selbstzweck, sondern Bedingung für spirituelles Leben. Sie ist nötig, damit wir allen Lärm um uns und in uns loslassen können.
Gott will sich uns in der Stille offenbaren.

SCHWESTER DOROTHEA
Retraitenhaus Sonnenhof Gelterkinden

Unsere Wünsche sind Vorgefühle der Fähigkeiten, die in uns liegen, Vorboten desjenigen, was wir zu leisten imstande sein werden. Was wir können und möchten, stellt sich unserer Einbildungskraft außer uns und in der Zukunft dar; wir fühlen eine Sehnsucht nach dem, was wir schon im Stillen besitzen.
So verwandelt ein leidenschaftliches Vorausgreifen das wahrhaft Mögliche in ein erträumtes Wirkliches.

JOHANN WOLFGANG von GOETHE

3
Stille im Außen. Und im Innen?

Reservate der Stille. Klöster, einsame Strände, die Wohnung am Abend; Kirchen, die Wiese im Wald, der See.
Und da sitzen wir nun. Geben uns der Verheißung der Stille hin. Ja. „Wie ein Umschlag heilt die Stille die Schläge des Lärms". Stille tut so gut.
Und dann, ein wenig später… fühlt sich das an wie nach einem frisch gepiekten Mückenstich. Zunächst spürt man kaum etwas. Doch dann beginnt es zu kribbeln, bis man nicht aufhören will, zu reiben und zu kratzen.
Unablässig neue Gedanken. Manchmal nur Fäden und Fetzen, oft ganze Knäuel. Das Gestern, das Morgen. Was habe ich erlebt, was muss ich tun.
Ein Gedanken-Fetzen schlingt sich in den anderen. Ein verwirrtes, verheddertes Knäuel entsteht im Kopf. Bis ich feststellen muss, durchaus ein wenig genervt: Außen ist sie schon, die Stille. Aber nicht in mir drin.
Dort dreht sich das Gedankenknäuel, springt

hierhin und dorthin, verliert sich, kullert ziellos, wird angetrieben. Manche dieser Gedanken sind wichtig, andere eher belanglos – und wieder andere machen so gut wie gar keinen Sinn. Zur Ruhe kommt es nicht, es ist geradezu ein perpetuum mobile. Ein Gedankenhamsterrad mit fatalen Folgen.
Der ständige Strom der Gedanken hindert mich am Stille-Erleben – und am Stillwerden tief in mir drin. Mit einiger Übung sieht man es den Menschen an, auch, wenn sie angeln, meditieren, stricken oder bei der Yoga-Übung sind: Ob sich das innere Gedankenrad weiter dreht - oder ob es ruht.
Stille zu leben, das scheint nur möglich, wenn wir das Gedankenknäuel in uns zu ordnen wissen. Zur Ruhe bringen können. Denn es scheint nur ein einziges Ziel zu verfolgen: Uns fernzuhalten vom tiefen, ungefilterten Lebendigfühlen.

Gegen Mittag, wenn die Wolken duftig sind,
und der Wind weht sanft,
dann schlendre ich am Fluss entlang,
vorbei an Weiden und blühenden Bäumen.
Die Menschen dieser Tage können meine Freude nicht verstehen
Sie werden sagen, dass ich den Tag verbummele wie ein junger Taugenichts.

CHENG HAO 1032–1085
chinesischer Philosoph und Politiker

Die größten Ereignisse – das sind nicht unsere lautesten, sondern unsere stillsten Stunden.

FRIEDRICH NIETZSCHE 1844–1900
deutscher Philosoph und Dichter

Es genügt also nicht nur der Erwerb von Tüchtigkeit und Wissen, um menschlich leben zu können. Wir brauchen eine Bildung des Herzens. Die Achtsamkeit auf das, was unser Herz, unser inneres Fühlen berührt, ist der Kern menschlicher Bildung.
Die Benediktsregel beginnt mit der Mahnung: *Horche auf die Weisung des Meisters, neige das Ohr deines Herzens.*
Nur wo das Innerste des Menschen sich öffnet, wo das Herz dabei ist, sind unser Denken und Reden, Beten und Arbeiten gut. Darum fasst Benedikt die Anweisungen zum gemeinsamen Beten in dem Wunsch zusammen, *dass Herz und Stimme im Einklang sind.*

ODILO LECHNER

Jeder Mensch braucht im Haus seiner Seele besondere Räume des Schutzes und des schöpferischen Versunkenseins.

ANSELM GRÜN *1945
Benediktiner

Merk auf dieses feine, unaufhörliche Geräusch, es ist die Stille.
Horch auf das, was man hört, wenn man nichts mehr vernimmt.

PAUL VALERY 1871–1945
französischer Lyriker und Philosoph

Die Natur ist die große Ruhe gegenüber unserer Beweglichkeit. Darum wird sie der Mensch immer mehr lieben, je feiner und beweglicher er werden wird.
Sie gibt ihm die großen Züge, die weiten Perspektiven und zugleich das Bild einer bei aller unermüdlichen Entwicklung erhabenen Gelassenheit.

CHRISTIAN MORGENSTERN

Begegnest du der Einsamkeit –
hab' keine Angst!
Sie ist eine kostbare Hilfe,
mit sich selbst Freundschaft zu schließen.

Sprichwort aus INDIEN

Das Gegenstück zum äußeren Lärm ist der innere Lärm des Denkens. Das Gegenstück zur äußeren Stille ist innere Stille jenseits der Gedanken.
Wann immer um dich herum Stille herrscht, solltest du darauf lauschen, ihr Aufmerksamkeit schenken. Auf die äußere Stille zu lauschen eröffnet dir die Dimension der Stille in dir selbst, denn nur durch die innere Stille kannst du der äußeren Stille gewahr werden. Erkenne, dass du in dem Augenblick, in dem du die Stille um dich herum wahrnimmst, nicht denkst. Du bist dir der Stille bewusst, aber du denkst nicht.

ECKHART TOLLE

Achtsamkeitsmeditation

Indem wir einfach still sitzen und gehen, können wir erkennen, wie unablässig der Strom der Gedanken dahinfließt, wie chaotisch der Denkprozess ist – denn manchmal ist es schwer, eine Ordnung darin zu erkennen – und wie unzuverlässig und ungenau die meisten unserer Gedanken sind. Vielleicht erkennen wir auch, wie automatisch unser Geist die meiste Zeit reagiert und wie machtvoll seine Gefühlsstürme sind.
Vielleicht sehen wir, dass der Geist ungeheuer viel Zeit in der Vergangenheit weilt, indem er sich an Dinge erinnert, sich ärgert oder sich selbst und anderen Vorwürfe macht, und in der Zukunft, indem er sich Sorgen macht, plant, hofft und träumt. Wir können uns zudem bewusst werden, dass unser Geist ständig sich selbst und alles andere danach beurteilt, ob er eine Erfahrung in einem bestimmten Augenblick als angenehm, unangenehm oder

neutral empfindet. Vielleicht merken wir auch, wie stark unser Geist an allem Möglichen haftet, wie er ständig Menschen, Dinge und Meinungen in seine Raster einzuordnen versucht, dass er meist vom Wunschdenken und von seinem Verlangen, woanders zu sein, als da, wo er ist, getrieben wird, dass er sich ständig Dinge und Beziehungen anders wünscht, als sie im betreffenden Augenblick tatsächlich sind.

Wir lernen außerdem zu sehen, wie schwer es dem Geist fällt, im gegenwärtigen Augenblick präsent zu sein, und wir merken, dass es mit der Zeit möglich ist, dass er sich so weit beruhigt, dass er einen großen Teil seiner eigenen unablässigen Aktivitäten sehen und zu einer inneren Stille und einem Gleichgewicht gelangen kann, das sich nicht mehr so leicht durch seine eigene Geschäftigkeit stören lässt.

Wenn unsere Motivation so stark geworden ist, dass wir uns selbst in schwierigen Zeiten der Übung widmen können, wenn wir gelernt haben, den körperlichen Schmerz anzunehmen und auszuhalten, der durch langes stilles Sitzen entstehen kann, wenn wir das Verlangen unseres Geistes nach Gesprächen oder nach Unterhaltung, Ablenkung und Anregungen zu ertragen vermögen, wenn wir Langeweile, Widerstand, Kummer, Schrecken und Verwirrung, die auftauchen können und dies auch gewöhnlich tun, aushalten können und wenn wir gleichzeitig gütig, sanft und ohne Erwartungen fortfahren, einfach das wahrzunehmen, was Augenblick für Augenblick im Feld unseres Gewahrseins auftaucht, dann kann unser Geist durch unsere Meditationsübung tiefe Zustände der Stille, des Wohlbefindens und der Weisheit erreichen.

JON UND MYLA KABAT-ZINN
amerikanische Ärzte, Eltern, unterrichten Achtsamkeitsmediation

Wie schnell zerstreuen sich Unrast und Verzweiflung in der Stille der Natur.

LION FEUCHTWANGER 1884–1958
deutscher Schriftsteller

Es war, als hätt' der Himmel
die Erde still geküsst,
dass sie im Blütenschimmer
von ihm nur träumen müsst.

JOSEPH VON EICHENDORFF 1788–1857
deutscher Dichter

Wenn du einen Baum anschaust und seine Stille wahrnimmst, wirst du selber still. Du verbindest dich auf einer sehr tiefen Ebene mit ihm. Du fühlst dich eins mit dem, was du in der Stille und durch die Stille wahrnimmst. Dieses Gefühl des Einsseins mit allen Dingen ist wahre Liebe.

ECKHART TOLLE

In der Natur zur Ruhe finden

Für viele ist die Natur eine wichtige Quelle, aus der sie schöpfen. Wenn sie durch einen Wald wandern, fühlen sie sich nachher erfrischt. Oder sie setzen sich ins Grüne und schauen einfach in die Landschaft, hören den Vögeln zu, spüren den Wind und lassen sich von der Sonne bescheinen. In der Natur dürfen wir einfach sein, wie wir sind. Da müssen wir nichts leisten und werden nicht beurteilt. Da sind wir geborgen. Wir sind Teil der Schöpfung. Wir fühlen uns eins mit ihr, haben teil an der Kraft, die in ihr ist, und an dem Geist, der sie durchdringt. In der Natur kann ich spüren, dass das Leben, das ich überall wahrnehme, auch in mich einfließt. Ich werde lebendig und fühle neue Kraft in mir.

ANSELM GRÜN

Sommer: die Zeit, da die Tage wegtropfen wie der Honig vom Löffel.

WALLACE EARLE STEGNER 1909–1993
amerikanischer Schriftsteller

Ruhig und still ist meine Seele, ich lehrte meinem Herzen Frieden.
Wie ein gestilltes Kind auf dem Schoße seiner Mutter, so ruht in mir meine Seele.

DIE BIBEL
Psalm 131,3

Es liegt im Stillsein eine wunderbare Macht der Klärung, der Reinigung, der Sammlung auf das Wesentliche.

DIETRICH BONHOEFFER 1906–1945
Theologe, hingerichtet wegen seines Widerstands gegen den Nationalsozialismus

Wir hätten alle mindestens eine Stunde Alleinsein am Tag nötig, um aufzufüllen und Atem zu schöpfen.

MARIA SCHELL 1926–2005
österreichische Schauspielerin

Silence is a quiet and peaceful mind with only a few necessary positive thoughts. And when we are silent, there's a certain magic that happens: the penny drops; realisations come easily; decisions can be made smoothly... In fact, silence speaks volumes if we just take a moment to listen!

Der Geist der Stille ist ruhig und friedvoll, erfüllt von nur ein paar notwendigen, positiven Gedanken. Und wenn wir still sind, dann geschieht etwas Magisches: die Münze fällt, die Erkenntnis kommt mühelos, Entscheidungen werden problemlos getroffen...
Denn eigentlich spricht die Stille Bände, sofern wir uns einfach einen Moment Zeit nehmen, ihr zuzuhören!

INNER SPACE–COVENT GARDEN

Und auf einmal steht es neben dir

Und auf einmal merkst du äußerlich:
Wieviel Kummer zu dir kam,
wieviel Freundschaft leise von dir wich,
Alles Lachen von dir nahm.

Fragst verwundert in die Tage.
Doch die Tage hallen leer.
Dann verkümmert deine Klage…
Du fragst niemanden mehr.

Lernst es endlich, dich zu fügen,
von den Sorgen gezähmt.
Willst dich selber nicht belügen
Und erstickst es, was dich grämt.

Sinnlos, arm erscheint das Leben dir,
längst zu lang ausgedehnt. - -
Und auf einmal - -: Steht es neben dir,
An dich gelehnt - -
Was?
Das, was du so lang hast ersehnt.

JOACHIM RINGELNATZ 1883–1934
deutscher Schriftsteller, Kabarettist und Maler

Der Stille vertrauen zu lernen ist einfach, weil die Ergebnisse spektakulär sind, sobald Sie nur einen Anfang wagen.

RICHARD CARLSON 1961–2006
amerikanischer Psychologe und Autor

Je mehr der nervzerrüttende Lärm unserer Städte in unseren Ohren gellt, umso mehr spüren wir die Lebensnotwendigkeiten der Stille. Früher oder später dämmert uns, dass es nicht nur äußere, sondern vor allem innere Stille ist, nach der wir uns sehnen.
Mönche des Ostens wie des Westens haben sich seit Jahrhunderten als Gärtner der Stille bewährt – haben ihren Alltag zu einem Garten der Stille gemacht und uns in ihren Schriften beides hinterlassen, Früchte der Stille und Anleitungen zum Stillwerden.

DAVID STEINDL-RAST * 1926
österreichisch-amerikanischer Benediktiner

Wer im Kloster Ruhe des Herzens finden will, muss das Niemandsland zwischen Nichtreden als dem äußeren Schweigen und innerlichen Stillwerden als der Voraussetzung lebendigen Schweigens oft mühsam durchqueren. Geräuschlosigkeit oder Geräuscharmut können eine Haltlosigkeit oder Empfindungsarmut offenbaren, die schmerzlicher sein können als das Überflutetwerden von Krach und Lärm.
Dabei gilt, dass auch ein ‚halbes' Schweigen besser ist als keines …
Schon die Stille der Natur, wenn sich die Fülle des Sommers in den Herbst zurückzieht, wenn im Winter die Lautlosigkeit der ruhenden Erde Raum gewinnt, lassen erahnen, dass es eine Zeit des Sich-Beschränkens geben darf und muss, damit Neues werden kann.

AURELIA SPENDEL *1951
deutsche Dominikanerin

Verstehen aus Stille, wirken aus Stille, gewinnen aus Stille.

DAG HAMMARSKJÖLD

Die äußere Stille ist zwar hilfreich, aber nicht erforderlich, um innere Stille zu finden. Selbst wenn Lärm da ist, kannst du der Stille hinter dem Lärm gewahr werden, des Raums, in dem der Lärm entsteht. Das ist der innere Raum reiner Bewusstheit, es ist das Bewusstsein selbst.
Du kannst des Bewusstseins als Hintergrund aller Sinneswahrnehmungen, alles Denkens gewahr werden.
Beim Gewahrwerden des Bewusstseins entsteht innere Stille.

ECKHART TOLLE

Halt an, wo läufst du hin?
Der Himmel ist in dir!
Suchst du ihn anderswo, du fehlst ihn für und für.

ANGELUS SILESIUS

Halte aber das Paradies der inneren Wonne nicht für einen körperlichen Ort.
Diesen Garten betritt man nicht mit Füßen, sondern mit dem Herzen.

BERNHARD VON CLAIRVAUX

4

Das innere Heiligtum

Mein „inneres Heiligtum".
Ich bin Journalistin, diese Kapitel-Überschrift kostet mich durchaus Mut. „Heiligtümer" gehören in die Tradition großer Religionen, sind Tempel, Kultstätten, Kirchen, die kollektiv verehrt werden, weil dort die besondere Nähe Gottes, der Götter erwartet wird. Was soll das also, heute, im 21. Jahrhundert, das Uralte, das so Ferne auch noch nach innen zu verlegen?
Heiligtümer werden erst dann zu dem, was sie sind, wenn Gläubige zusammen kommen und diesem Ort durch ihren Glauben das Besondere verleihen: Magie. Heiligtümer stehen für das Außen.
Kann man sie einfach so in sich selbst hinein holen?

Natürlich. Denn Kirchen, Gotteshäuser, heilige Orte sind – besonders als Orte der Stille – Tore ... für die Wanderung nach innen. Ihre Stille schenkt uns den Raum für die Konzentration, für die innere Orientierung.

Manchen mag auch das „Wandern nach innen" eine merkwürdige Metapher sein – wie vieles, was mit dem Blick auf unser Selbst zusammenhängt und besonders mit dem Blick auf das, was größer ist als wir. Wir mögen ungern akzeptieren, dass es vielleicht etwas geben mag, was mit unserem modernen Wortschatz schlichtweg nicht zu erfassen ist. Das wir vielleicht sogar grundsätzlich mit Worten nicht benennen können, weil es sich unseren rationalen Sortiermethoden konsequent entzieht.

Noch dazu ist das Sprechen über das „Innen" in der Öffentlichkeit weitgehend tabu. In Talkshows führt man gerne mal Promis mit Esoterik-Tick vor. Doch ernsthaftes Fragen nach dem Innen, nach Gott in uns, vielleicht sogar der Wunsch und die Sehnsucht danach, „Ewigkeit" zu spüren – wird postwendend als Verweigerung des Rationalen, des wichtigsten Instruments des Journalismus, markiert. Was

mit diesem Instrument nicht zu messen ist, was sich der Logik des Sichtbaren entzieht, ist verpönt.
So stammt das Vokabular für diese ‚Wanderung nach innen' fast ausnahmslos aus anderen Jahrhunderten, klingt antiquiert – und berührt trotzdem! Wie vielleicht das „innere Heiligtum".

Ganz da sein

Ich werde immer wieder gefragt: Was ist benediktinische Meditation? Dahinter steht die Vermutung, das sei eine ganz bestimmte Methode, vielleicht sogar eine Art effiziente Anleitung. Das Gegenteil ist richtig. Es geht nicht um eine Methode, sondern um eine Lebensform. Um die Ausgewogenheit zwischen Gebet und Arbeit, um die im Wechsel zwischen der täglichen Arbeit und dem täglichen Chorgebet gewonnene Balance. Diese Balance, dieser Rhythmus, wenn man ihn jeden Tag lebt, wird natürlich auch „verinnerlicht", er geht immer tiefer in den Menschen hinein. Wenn einer seinen Weg als Mönch ernst geht, dann ist er nach 30 Jahren sicher anders, als er im Noviziat war. Das kann ich aber nicht mit einer Methode machen. Da hilft kein Kopfstand und kein Trick.

Ein Mensch, für den Aktivität und Gebet zusammengehören und der beides täglich ausübt, verändert sich durch die Kraft dieser Übung. Stille, die keine leere Stille und viel mehr als bloßes Nichtstun ist, passt durchaus zu einem aktiven Leben.
Es gibt eine Geschichte von einem jungen Novizen und seinem Novizenmeister: Der nicht gerade übertrieben eifrige Novize klagt, er habe noch nie die Stille kennengelernt, die der Novizenmeister empfiehlt. Die Antwort des Novizenmeisters: „Stille erfahren nur aktive Menschen."
Natürlich gibt es auch Meditations-Methoden, die man erlernen und einüben kann. Das Einzige, was solche Methoden einem beibringen können, ist, dass man ruhiger wird, vielleicht auch, dass man sich leichter konzentrieren kann. Aber ich denke, die Spiritualität eines christlichen Gesprächs besteht in einer tieferen Verankerung. Ihr „Ergebnis" besteht in dieser Haltung des Ganz-Daseins.

Gregor der Große bezeichnet die Kunst des Mönchseins als „bei sich wohnen können". Auch der Zen-Buddhismus kennt das: Wer Za-Zen übt, bleibt sitzen und achtet auf den Atem. Da bleibt die Zeit stehen, ich spüre im Atem ihre Präsenz und ihr Vergehen, aber empfinde das als etwas nicht Negatives, sondern gebe mich hinein in diesen Rhythmus der Natur, in den Rhythmus des Kosmos. Es ist geradezu eine Erfahrung der Entpersönlichung. Alle Vorstellungen und Regungen sollen ausgelöscht werden.

Im Christentum, auch in der christlichen Meditation, ist das in meinen Augen anders. Sie ist persönliche Beziehung. Für Christen ist das Höchste die individuelle Person, die aufgeht in Gott. Und Gott lässt mich nicht in ein Nirvana aufgehen, sondern bringt mich erst in meiner Person zur Vollendung. In ihm kann ich mich verankern. Er gibt mir meine Würde und meine Ruhe. Ich muss mich weder het-

zen noch brauche ich mich hetzen zu lassen. Auch in dieser Gegenwart erfahre ich Ewigkeit.
Christliche Meditation ist also nichts zur Steigerung eigener Fähigkeiten. Sie ist immer auf Gott und auf den Menschen bezogen. (...)

Solche völlige Präsenz in der Zuwendung dem anderen gegenüber zeigt: Wir können mitten in der Zeit eine ganz andere Qualität der Zeit erleben. Das ist nicht die Normalzeit, eingeteilt in Stunden und Minuten. Es ist eine Ewigkeitserfahrung.

Wie kann ich diese Ewigkeitserfahrung erklären?
Ich kann es nicht.
Ich kann auch keinen Unterschied von Rot und Grün erklären.
Ich kann vielleicht die Wellenlängen erklären, aber nicht die Qualität der Farbe. Die muss man sehen.

Und so kann man auch diese Ewigkeitserfahrung nicht erklären.
Man kann das nur erfahren.

NOTKER WOLF *1940
Abtprimas der beneditktinischen Konföderation

Wie selten sind doch die Menschen,
die das, was sie tun, ganz tun.

TERESA VON AVILA 1515–1582
spanische Karmelitin und Mystikerin

In dir selbst ist eine Ruhe und ein Heiligtum, in welches du dich jederzeit zurückziehen und ganz du selbst sein kannst.

HERMANN HESSE 1877–1962
deutsch-schweizerischer Schriftsteller

Schweigen ist nicht nur Nicht-Sprechen, sondern bewusstes Erleben der Stille, Ausschwingung der Erregungen und Bewegungen, körperlich und innerlich.
Man sammelt sich, gewinnt Kraft und kommt wirklich zu sich selbst.

MARCEL PROUST 1871–1922
französischer Schriftsteller und Kritiker

Blick in dein Inneres! Da drinnen ist eine Quelle des Guten, die nimmer aufhört zu sprudeln, wenn du nur nicht aufhörst nachzugraben.

MARK AUREL

Der Sinn der Ruhe ist: erfüllt sein von allem.

FRIEDRICH KAYSSLER 1874–1945
deutscher Schauspieler, Schriftsteller, Komponist

In der Welt ist's trübe, leuchten müssen wir –
du in deiner Ecke, ich in meiner hier.

ANGELUS SILESIUS

Es ist unwahrscheinlich, dass wir unsere Beziehung zu Gott zufällig oder auf gut Glück vertiefen. Wir müssen uns bewusst etwas vornehmen und unser Leben neu organisieren. Doch es gibt nichts, was uns mehr bereichert als eine tiefere und deutlichere Wahrnehmung von Gottes Gegenwart in der Routine unseres Alltags.

WILLIAM PAULSELL
Gospel-Verfasser

Nicht von außen wird die Welt umgestaltet, sondern von innen.

LEO TOLSTOJ 1828–1910
russischer Schriftsteller

Was *vor* uns liegt und was *hinter* uns liegt, verblasst im Vergleich zu dem, was *in* uns liegt.

RALPH WALDO EMERSON 1803–1882
amerikanischer Philosoph und Schriftsteller

Wenn du still einen Baum oder Menschen anschaust, wer schaut da? Etwas Tieferes als du in Person. Das Bewusstsein selbst betrachtet seine Schöpfung.
In der Bibel steht, dass Gott die Erde erschuf und dass sie gut war. Genau das siehst du, wenn du in gedankenfreier Stille schaust.

ECKHART TOLLE

Stille: das ist Rückkehr zur Bestimmung.
Rückkehr zur Bestimmung: das ist Ewigkeit.
Die Ewigkeit erkennen: das ist Weisheit.
Wer die Ewigkeit nicht erkennt,
der handelt blindlings und unheilvoll.
Erkenntnis der Ewigkeit bringet Duldsamkeit.

LAOTSE 6. Jh. v. Chr.
chinesischer Philosoph

Nur der Tag bricht für uns an, den wir wachen Sinnes erleben.

HENRY DAVID THOREAU 1817–1862
amerikanischer Schriftsteller und Philosoph

Alles Äußerliche verlor sich

Häuser, Gärten und Menschen verwandelten sich in Klänge, alles Gegenständliche schien sich in eine Seele und in eine Zärtlichkeit verwandelt zu haben. Die Zukunft verblaßte, und die Vergangenheit zerrann. Ich glühte und blühte selber im glühenden, blühenden Augenblick. Aus näheren und weiteren Entfernungen trat Großes und Gutes mit herrlicher Gebärde, Beglückungen und Bereicherungen silberhell hervor, und ich phantasierte mitten in der schönen Gegend von nichts anderem als nur eben von ihr. Alle übrigen Phantasien sanken zusammen und verschwanden in der Bedeutungslosigkeit. Ich hatte die ganze reiche Erde dicht vor mir und schaute doch nur auf das Kleinste und Bescheidenste. Mit Liebesgebärden hob sich und senkte sich der Himmel. Ich war ein Inneres geworden und spazierte wie in einem Innern; alles Äußere wurde zum Traum, das bisher Verstandene zum Unverständlichen. An der Oberfläche herab stürzte ich in die fabelhafte Tiefe, die ich im Augenblick als das Gute erkannte. Was wir verstehen und lieben, das versteht und liebt auch uns. Ich war nicht mehr ich selber, war ein anderer und doch gerade darum erst recht wieder ich selbst. Im süßen Liebeslichte erkannte ich oder glaubte ich erkennen zu sollen, daß vielleicht der innerliche Mensch der einzige sei, der wahrhaft existiert.

ROBERT WALSER 1878–1956
schweizer Schriftsteller

Der Jesuitenpater William Johnston berichtet, dass er, als er sich in einem japanischen Zen-Kloster aufhielt, vom Meister gefragt wurde, nach welcher Methode er meditiere. Johnsten antwortete, dass er still, ohne Worte, Gedanken, Bilder oder Ideen, in der Gegenwart Gottes sitze. Der Meister fragte, ob sein Gott

überall sei, und als Johnsten bejahte, fragte der Meister ihn, ob er „ganz in Gott eingehüllt“ sei. Johnston bejahte. „Sehr gut, sehr gut“, sagte der Meister, „machen Sie so weiter. Mit der Zeit werden Sie feststellen, dass Gott verschwindet und nur noch Johnston übrig bleibt.“
Johnston war von dieser Bemerkung schockiert, weil sie ihm wie eine Leugnung all dessen klang, was ihm heilig war. Daher widersprach er dem Meister und sagte: „Gott wird nicht verschwinden. Aber vielleicht Johnston, und dann ist nur noch Gott übrig.“
„Ja, ja“, erwiderte der Meister lächelnd. „Das ist dasselbe. So meine ich es.“

ZEN-Geschichte

Das Paradies ist kein Ort, wo man hingeht, sondern ein Bewusstseinszustand.

STEPHEN R. COVEY *1932
amerikanischer Management-Trainer

Der innere Weg führt in die Welt.

STEFAN BROTBECK *1962
Philosophielehrer, Autor

Wenn der Mensch sich aus dem äußeren Getümmel ins abgelegene Gemach seines Geistes zurückgezogen und dem Haufen der herumlärmenden Nichtigkeiten die Tür verschlossen hat, und wenn er in Ruhe seine inneren Schätze betrachtet; wenn ihm dann nichts Unruhiges, nichts Ungeordnetes begegnet, nichts, was an ihm nagt, nichts, was ihm entgegenbellt; sondern wenn alles still ist und wenn wie in einer ganz wohlgeordneten Familie die ganze Schar der Gedanken, der Worte und der Werke ganz friedlich wie um den Vater des Hauses versammelt ist: Dann steigt aus all dem ein Empfinden wunderbarer Geborgenheit auf; aus der Geborgenheit eine Freude, und aus der Freude ein Jubel, der in das Lob Gottes ausbricht, weil ihm immer deutlicher aufgeht, dass all das Gute, was er in sich entdeckt, sein Geschenk ist.

AELRED von RIEVAULX 1110–1167
Abt des Zisterzienser-Ordens

Das innere Feuer bewahren

James Hannaway schreibt in seinem Kommentar zu den Sprüchen der Wüstenväter: „Nicht der Mund ist die Tür, durch die alles Böse eindringt. Solche Türen sind die Ohren wie die Augen. Der Mund ist nur eine Ausgangstür." Was war es denn, was sie (die Wüstenväter) fürchteten herauszulassen? Was war es denn, was man aus ihren Herzen stehlen konnte, wie der Dieb das Pferd aus dem Stall holt, wenn die Tür offen gelassen wird? Es kann nichts anderes gewesen sein als die Kraft des religiösen Erlebens.

HENRI NOUWEN 1932–1996
holländischer katholischer Priester,
Psychologe und Schriftsteller

Nicht an einem Ort
Soll das Heilige gesucht werden,
sondern in Taten
und Leben und Sitten.

ORIGINES 185–254
griechischer Kirchenlehrer

Wer die Welt erwärmen will, muss ein großes Feuer in sich tragen.

PHIL BOSMANS *1922
belgischer Ordenpriester und Schriftsteller

Der Herr der gelben Erde wandelte jenseits der Grenzen der Welt. Da kam er auf einen sehr hohen Berg und schaute den Kreislauf der Wiederkehr. Da verlor er seine Zauberperle.
Er sandte Erkenntnis aus, sie zu suchen, und bekam sie nicht wieder.
Er sandte Scharfblick aus, um sie zu suchen, und bekam sie nicht wieder.
Er sandte Denken aus, um sie zu suchen, und bekam sie nicht wieder.
Da sandte er Selbstvergessen aus. Selbstvergessen fand er Sie.
Der Herr der gelben Erde sprach: „Seltsam, fürwahr, dass gerade Selbstvergessen fähig war, sie zu finden."

DSCHUANG DSI

Wir träumen von Reisen durch das Weltall:
Ist denn das Weltall nicht in uns?
Die Tiefen unseres Geistes kennen wir nicht –
nach innen geht der geheimnisvolle Weg in uns,
oder nirgends ist die Ewigkeit mit ihren Welten –
die Vergangenheit und Zukunft.

NOVALIS 1772–1801
deutscher Schriftsteller und Philosoph

Wie der Sternenhimmel bin ich still und bewegt.

FRIEDRICH HÖLDERLIN 1770–1843
deutscher Lyriker

Wer kennt nicht diesen Wendepunkt von denken und danken aus eigener Erfahrung?
Wir müssen nur an einen jener Augenblicke denken, die wir manchmal erleben, obwohl wir sie nur Mystikern zutrauen. Ganz unerwartet werden wir da plötzlich „wach", fallen aus Raum und Zeit in eine unauslotbare Stille hinein und fühlen überwältigende Dankbarkeit in uns aufsteigen.
Ganz gleich, wo uns das widerfährt – auf einem Berggipfel, in einer Kathedrale oder mitten im Verkehrsstau – das ist ein mystisches Erlebnis.

DAVID STEINDL-RAST

Nichts ist der Ewigkeit so ähnlich wie das Gegenwärtige, wenn ich es nur zu erleben verstehe.

MARCEL JOUHANDEAU 1888–1979
französischer Schriftsteller

Verbunden

Gregor der Große berichtet von einem *Turmerlebnis* des Heiligen Benedikt. Er sieht plötzlich beim nächtlichen Gebet die dunkle Nacht in einem hellen Licht: *Die ganze Welt wurde ihm vor Augen gestellt, wie in einem einzigen Sonnenstrahl gesammelt.*

Gregor der Große deutet diese mystische Erfahrung als eine innere Weitung: *Im Licht innerer Schau öffnet sich der Grund des Herzens, weitet sich in Gott und wird so über das Weltall erhoben.*

Das bedeutet: *Wenn er die ganze Welt als eine Einheit vor sich sah, so wurden nicht Himmel und Erde eng, sondern die Seele des Schauenden weit.*

Solche Weite befreit nicht von den Auseinandersetzungen des Alltags, von der Mühsal geduldiger Verhandlungen, von den Schritten des Aufeinanderzugehens. Aber auch wenn wir verschiedene Standpunkte haben, schlechte Erfahrungen miteinander machen: Wir dürfen davon überzeugt sein, dass der Eine jeden von uns anschaut mit unendlicher Liebe und dass diese Liebe uns alle miteinander verbindet.

ODILO LECHNER

Sobald man einen Punkt von Ewigkeit in der Seele hat, muss man nichts anderes mehr tun, als ihn beschützen; denn er wächst von allein wie ein Korn.

SIMONE WEIL 1909–1943
französische Philosophin

Musst in die Breite dich entfalten, soll sich dir die Welt gestalten;
In die Tiefe musst du steigen,
soll sich dir das Wesen zeigen.

FRIEDRICH VON SCHILLER 1759–1805
deutscher Dichter

Eins zu sein mit allem,
das ist Leben der Gottheit,
das ist der Himmel des Menschen.

FRIEDRICH HÖLDERLIN

Nur das Denken, das die Gesinnung der Ehrfurcht vor dem Leben zur Macht bringt, ist fähig, die Zeit des Friedens in unserer Welt anbrechen zu lassen.

ALBERT SCHWEITZER 1875–1965
evangelischer Theologe und Missionsarzt

Das wahrhaft Neue ist nie eine Änderung, sondern ein Ewiges, das erscheint.

MARTIN BUBER 1878–1956
österreichisch-israelischer Religionsphilosoph

Es gilt, auf diese innere Stimme sein Herz zu richten

Wir ermahnen euch, auf diese innere Stimme das Ohr eures Herzens zu richten. Bemüht euch, mehr darauf zu achten, was Gott im Innern zu euch sagt, als was euch von außen ein Mensch zuspricht. Denn diese innere Stimme ist die überwältigende und starke Stimme (Ps 29,4), die die Wüsten erschüttert, die verschlossensten Bereiche sprengt, den starren Panzer der Seelen durchbricht.
Im Grunde bedarf es keiner Anstrengung, um für diese Stimme empfänglich zu werden. Eher kostet es Mühe, seine Ohren derart zu verstopfen, dass man sie nicht mehr hört. Diese Stimme bietet sich selbst an, dringt von sich aus ein und hört nie auf, an der Tür jedes Einzelnen zu klopfen (Offb 3,20).

BERNHARD VON CLAIRVAUX

Es genügt,
auf die Stille zu horchen.
Die Stille holt uns dort ab,
wo wir gerade noch waren
mit unseren Gedanken und Gefühlen.

Es genügt,
auf die Stille zu horchen.
Die Stille bringt uns dahin,
wo wir jetzt sind,
gerade hierher,
in diesen Raum,
an diesen Platz
an diesem Morgen.

Es genügt,
auf die Stille zu horchen.
Die Stille schließt ein,
was werden will.
Was auch immer
dieser Tag uns bringt,
es ist aufgehoben

schon immer
in dieser Stille
jetzt.

Es genügt,
auf die Stille zu horchen.

SILVIA OSTERTAG *1942
Musikerin und Zen-Meisterin

5
Stille üben

Einfach mal still sein geht nicht. Sich zuhause in den Sessel setzen, auf das Meditationskissen, irgendwo auf den Balkon und still sein ... Das ist ja heutzutage angesagt, morgens mal schnell zu meditieren und dann mit strammem Yoga in den Tag zu starten. Klar, das versuche auch ich. Allerdings immer dann mit sehr mäßigem Erfolg, wenn ich die stillen Minuten des Tages ausschließlich beim Meditieren absolvieren will.
Um Stille als Leuchtpfad zur Dimension der Tiefe erleben zu können, zum Pulsieren des Lebens und zur Befreiung von allem, was unwichtig ist, da braucht es mehr als immer mal wieder die fünf Minuten zum stillen Glück.

Das innere Heiligtum nie ganz zusperren. In jedem Augenblick den seidenen Faden der Bewusstheit bewahren. Sich befreien von der Diktatur des allgegenwärtigen Gedankenschwarms. Das ist das Ziel. Und das ist nicht weniger als ein Paradigmenwechsel, nichts

Geringeres als die Revolution des seelischen Erlebens: Vom Zweidimensionalen, vom Verstandeswesen mit Gefühlsplattform zum Sein der dritten Dimension.
Wenn man sich auf dieses Ziel einlässt, ist man auf dem Weg. Und auf diesem Weg entwickelt es sich, immer stärker in Frequenz und Signal: Das „GPS der Bewusstheit", das uns permanent verortet, das uns hilft, im Jetzt verankert und im Ganzen aufgehoben zu sein.

Hier sind Übungen fürs Einloggen: für den Draht nach innen – und nach oben.

Der Mensch bringt täglich sein Haar in Ordnung, warum nicht auch sein Herz?

Weisheit aus INDIEN

Es gibt Übungen auf dem Weg zur Stille.
Den Regen am Fenster hören und nichts hören wollen als das Schlagen der Tropfen.
Tag um Tag schauen, wie eine Zimmerpflanze wächst oder eine Blume sich öffnet.
Nichts sehen als das Licht in der Farbe eines Blattes.
Einen Spinnwebfaden vibrierend im Licht sehen, lange Zeit.
Nichts erwarten, nur *mit allen Sinnen* dort sein, wo das geschieht.

JÖRG ZINK *1922
deutscher evangelischer Theologe

Zum ersten Mal

Da setzt sich jemand in die Stille
Zum ersten Mal, oder – wie zum ersten
Mal.

Man lässt sich Zeit, den Platz zu richten,
so wie es für einen sein soll.
Man zündet vielleicht eine Kerze an,
aber das muss nicht sein.

Man stellt sich an den gerichteten Platz
Und verneigt sich. Wozu?
Man tut es, bis die Verneigung Antwort
weiß.

Man legt in aller Ruhe
Beine und Hände zurecht,
und sieht innerlich,
die Augen nahezu geschlossen,
sieht innerlich die Haltung,
in der man sitzt,

ob diese sich noch ordnen will.
Und füllt die Haltung
mit sich selbst.

Und schaut den Atem, wie er geht und kommt,
und lässt das Schauen mitgehen mit dem Atem,
wie er kommt und geht.

Und lässt den Atem horchen auf die Stille,
wie sie irgendwann da ist zum letzten Mal.

Wie sie da ist, die Stille, schon immer.
Wie sie immer ist, die Stille,
als sei's das erste Mal.

SILVIA OSTERTAG

Aufmerksamkeit, mein Sohn,
ist, was ich dir empfehle;
bei dem, wobei du bist,
zu sein mit ganzer Seele.

FRIEDRICH RÜCKERT 1788–1866
deutscher Dichter und Übersetzer

Konzentrationsübung

Wenn ich ganz still bin
kann ich von meinem bett aus
das meer rauschen hören
es genügt aber nicht ganz still zu sein
ich muss auch meine gedanken vom land ab-
ziehn

Es genügt nicht die gedanken vom festland
abzuziehen
ich muss auch das atmen dem meer anpassen
weil ich beim einatmen weniger höre

Es genügt nicht den atem dem meer anzupassen
ich muss auch händen und füßen die ungeduld nehmen

Es genügt nicht hände und füße zu besänftigen
ich muss auch die bilder von mir weggeben

Es genügt nicht die bilder wegzugeben
ich muss auch das müssen lassen

Es genügt nicht das müssen zu lassen
solange ich das ich nicht verlasse

Es genügt nicht das ich zu lassen
ich lerne das fallen.

Es genügt nicht zu fallen
aber während ich falle
und mir entsinke
höre ich auf

das meer zu suchen
weil das meer nun
von der küste heraufgekommen
in mein zimmer getreten
um mich ist

Wenn ich ganz still bin

DOROTHEE SÖLLE 1929–2003
deutsche Theologin und Schriftstellerin

Verzicht auf die vielen Ablenkungen befreit mich von der Zerstreuung und dem Verlust des Wesentlichen.

ODILO LECHNER

Halte, wann immer du auf eine Antwort, eine Lösung oder eine kreative Idee wartest, einen Augenblick im Denken inne und konzentriere deine Aufmerksamkeit auf dein inneres Energiefeld. Werde der Stille gewahr. Wenn du dann wieder zu denken beginnst, ist dein Verstand frisch und kreativ. Mache es dir bei jeder Geistestätigkeit zur Gewohnheit, alle paar Minuten hin und her zu wechseln zwischen Denken und innerem Lauschen oder innerer Stille.
Anders ausgedrückt: Denke nicht bloß mit dem Kopf, denke mit dem ganzen Körper.

ECKHART TOLLE

Blütenduft

Wie kann man nur
Seine Sinne
Zum Schweigen bringen?

Dieser Blütenduft,
Der da durch das Fenster weht!

Man muss nichts zum Schweigen bringen.

Schweigt er nicht selber –
Dieser Blütenduft?

SILVIA OSTERTAG

Die Meditation verfährt wie jemand, der eine Nelke, eine Rose, Rosmarin, Thymian, Jasmin, eine Orangenblüte einzeln, eine Blume nach der anderen riecht.
Die Kontemplation gleicht jemandem, der ein Parfüm riecht, das aus all diesen Blumen besteht; in einer einzigen Empfindung nimmt er die einsgewordenen Düfte auf, die der andere gesondert und getrennt empfunden hatte.
Zweifellos ist dieser einsgewordene Duft, der aus der Mischung all dieser Düfte besteht, für sich allein genommen süßer und kostbarer als die einzelnen Düfte, aus denen er zusammengesetzt ist …

FRANZ VON SALES 1567–1622
französischer Fürstbischof von Genf, Ordensgründer und Mystiker

Der junge Benedikt wählte die Lebensform des Mönchs, die darauf zielt, alles auf Gott hin auszurichten.
Auch für den Alltagsmenschen ist dieser Weg – zumindest im Kleinen – möglich, wenn wir bereit sind, „den Mönch in uns zu entdecken": uns für eine Weile in die Stille zurückziehen und der Sehnsucht nach der Einheit des Lebens Raum zu geben.

ODILO LECHNER

Nur im vorbereiteten Herzen kann ein neuer Gedanke Wurzel fassen und groß werden. Sich vorbereiten, sich zubereiten, den Acker lockern für das beste Korn – das ist alles.

CHRISTIAN MORGENSTERN

Wenn ich meditiere, dann geht es mir darum, dass ich mir Zeit nehme, mit Gott zusammen zu sein.
Wie wenn Verliebte auf der Parkbank sitzen und einfach so vor sich hin sinnen, glücklich, dass der andere da ist.
Ich möchte nicht nur einfach leer werden, sondern ganz im Gegenteil: In der Meditation versenke ich mich in das Wesen meines geliebten Gegenübers – meines Gottes.
Seine Gegenwart genieße ich, wenn ich einfach da bin und immer wieder beim Einatmen bete: von dir zu mir. Und beim Ausatmen: von mir zu dir.

PAULUS TERWITTE *1959
katholischer Priester, Kapuziner

Ein alter Mann konnte stundenlang still in der Kirche sitzen. Eines Tages fragte ihn ein Priester, worüber Gott mit ihm spräche. „Gott spricht nicht. Er hört nur zu“, war die Antwort. „Was redest du dann mit ihm?“ „Ich spreche auch nicht. Ich höre nur zu.“

ANTHONY DE MELLO 1931–1987
indischer Jesuit und Weisheitslehrer

An welchen Ort du auch hinkommst,
vergleiche dich nicht mit anderen,
und du wirst Ruhe finden.

ABBAS PAPHNUTIOS 3. Jh.
ägyptischer Wüstenvater

Man muss sich eine bestimmte Zeit gönnen, in der man nichts tut, damit uns Dinge einfallen, die uns zu denken geben.

MORTIMER ADLER 1902–2001
amerikanischer Philosoph und Schriftsteller

Achte auf Pausen – die Pause zwischen zwei Gedanken, die kurze Pause zwischen den Worten eines Gesprächs, zwischen den Tönen beim Klavier- oder Flötenspiel, auf die Pause zwischen Ein- und Ausatmen.
Wenn du diesen Pausen Aufmerksamkeit schenkst, wird aus dem Gewahrsam von „etwas“ einfach Gewahrsein. Die gestaltlose Dimension reinen Gewahrsamseins steigt in dir auf und tritt an die Stelle der Identifikation mit der Form.

ECKHART TOLLE

Das Geschenk des Tao ist größer als jedes andere Geschenk. Wie erhält man es?
Indem man sich still verhält, wenn andere ihr Geben nicht zu kontrollieren vermögen, indem man sich still verhält, wenn andere ihr Nehmen nicht zu kontrollieren vermögen.
Wo Berge sind, fließt Wasser von ihnen fort.
Wo Täler sind, fließt Wasser in sie hinein.
Es ist die bewegende Stille zwischen Mann und Frau, die deren größtes Geschenk für einander darstellen. Vertraue der Stille. Halte still, und etwas wird sich bewegen.

RAY GRIGG
kanadischer Lehrer und Tao-Spezialist

Eines Tages erhielt der Dichter Su-Tong-Po Besuch von einem Freund, der ihn nichtstuend vorfand.
„Es ist eine Schande, dass du – bei deiner Begabung – nicht Tag und Nacht arbeitest!"
„Versuche dies auch einmal", antwortete Su-Tong-Po, „wenn du eine Zeit lang nichts tust, kommt dir der Tag doppelt so lang vor. Das ist das Geheimnis, Zeit zu gewinnen!"

CHAO-HSIU CHEN
Chinesische Künstlerin und Autorin

Es geht um eine Grundhaltung: Aus der Stille leben.
Diese Haltung bewirkt einen Wechsel vom Tun zum Sein, von Begrenzungen zu neuen Möglichkeiten.

WOLFGANG BREITHAUPT
evangelischer Pfarrer

Achtsamkeit und Wahrnehmung sind vergleichbar einer weiten, offenen Schale, gefüllt mit Wasser.
Wenn ich an den äußeren Schalenrand tippe, wird sich die Wasseroberfläche nur an dieser Stelle leicht bewegen, während die übrige Fläche ruhig bleibt: Je enger das Gefäß, desto höher schlagen die Wellen auch bei leiser Berührung am Rand.
Ungefähr so ist es mit dem eigenen Geist. Je weiter ich ihn öffne, je absichtsloser ich die Welt betrachte, desto ruhiger wird die innere Bewegung – der Geist wird klar und durchsichtig für die Geheimnisse des Lebens.
Eine wahrnehmende und achtsame Haltung ist daher nicht anstrengend, sondern öffnend für das Hier und Jetzt, das das Leben in seiner Mitte offenbart.

KATHARINA SCHRIDDE *1964
evangelische Benediktinerin

Der Strom der Gedanken hat eine enorme Triebkraft, die dich leicht mitreißen kann. Jeder Gedanke gibt vor, sehr wichtig zu sein. Er will seine Aufmerksamkeit auf sich konzentrieren.
Hier ist eine spirituelle Übung für dich: Nimm deine Gedanken nicht so ernst.

ECKHART TOLLE

Es gibt eine Vollkommenheit,
tief inmitten alles Unzulänglichen.
Es gibt eine Stille,
tief inmitten aller Rastlosigkeit.
Es gibt ein Ziel,
tief inmitten aller weltlichen Sorge und Nöte.

SIDDHARTA GAUTAMA ca. 5. Jh. v. Chr
Buddha

Sommerfrische

Zupf dir ein Wölkchen aus dem Wolken-
weiß,
Das durch den sonnigen Himmel schreitet.
Und schmücke den Hut, der dich begleitet,
Mit einem grünen Reis.

Verstecke dich faul in der Fülle der
Gräser.
Weil's wohltut, weil's frommt.
Und bist du ein Mundharmonikabläser
Und hast eine bei dir, dann spiel, was dir
kommt.

Und lass deine Melodien lenken
Von dem freigegebenen Wolkengezupf.
Vergiss dich. Es soll dein Denken
Nicht weiter reichen als ein Grashüpfer-
hupf.

JOACHIM RINGELNATZ

Stille sammeln

Vielleicht ist es notwendig, einen Vorrat an Stille in uns anzulegen. In den Nächten, in denen du wachliegst, an den langen Abenden, die du allein verbringst, bei Spaziergängen über Felder und durch leere Wälder, da lässt sich dieser Stillevorrat anlegen. Er hüllt uns in eine Sicherheit, weil Stille auch Kraft ist. Wir werden uns dann nicht mehr so schnell an die Hektik verlieren. In der Stille spüren wir uns selbst deutlicher.

ULRICH SCHAFFER *1942
deutsch-kanadischer Schriftsteller
und Fotograf

6
Die Essenz der Stille

Es geht um nichts Geringeres als um einen Paradigmenwechsel. „Das innere Feuer bewahren". „Ins wirkliche Leben finden". „Im tiefen Frieden Gott erleben".

Es geht um den Versuch, das zu umschreiben, was uns befreien, was uns öffnen soll, von innen nach außen – und was uns sensibel macht für Schwingungen, die wir im besten Fall als ‚unterschwellig' beschreiben. Das Gegenteil aber ist common sense unserer Gesellschaft: nämlich eben nicht im Hier und Jetzt zu leben, sondern unter der scheinbar universalen Überzeugung leidend: „Das Paradies ist immer da, wo ich nicht bin". Weil wir eben nicht mit allen Sinnen das Geschenk des Lebens inhalieren, sondern abgeschnitten sind von purer Lebensfreude. Weil wir in Alltagszwängen feststecken, die als Gedanken-Terror jedes unmittelbare Empfinden killen. Weil Vernunft-Schablonen unser Fühlen abschotten. So verkrampfen Körper. Schalten Nervenbahnen auf Dauerfeuer.

Bahnt sich nur noch in Träumen die Sehnsucht den Weg ins Bewusstsein. Doch ein Getriebener merkt sich seine Träume nicht. Sonst würde er sich an die Bilder der Nacht erinnern, denn diese Träume sind sich ähnlich, in allen gestressten Kulturen: Babys, die im eigenen Arm verhungern. Welpen, Fohlen, junge Vögel, die durch unsere Unachtsamkeit kläglich verenden. Fantastische Blüten, die vertrocknen, weil wir sie schändlich vergessen haben.

Das sind dramatische Symbole; Warnsignale verkümmernder Seelen. Der moderne Mensch trampelt achtlos auf seinem Kostbarsten herum, auf seinem Tor zum Leben, zu Gott, zum Glück, zur Erfüllung, zum Sinn – oder welches Wort wir auch verwenden wollen. Weil er fremdbestimmt ist, weil er das Atmen vergisst, das Loslassen … das Lieben.

Deshalb eben bringt die „Essenz der Stille" einen Paradigmenwechsel mit sich. Er bedeu-

tet, dass nicht das „müssen" die Haltung zum Leben diktiert, zum Nächsten, zur Natur, zu Gott. „Müssen" bleibt draußen, wenn es um unser Innerstes geht. Weil wir es aber als Grundmuster verinnerlicht haben, vollzieht sich der Paradigmenwechsel nicht ohne Disziplin und Training. Beides kann hart sein!

Es bedeutet: Anders als die anderen „Nein" sagen zu Zerstreuung – sie ist die Spielpartnerin des „Müssen". Und „Ja" sagen zur Raum-Patrouille. Ja, wir patroullieren den Raum für unser Inneres, wir schützen den Ort, an dem inneres Wachstum geschehen kann. Und wir suchen aktiv einen neuen Aggregatzustand: Blanke Nerven geben ihr Dauerfeuer auf, Panzer-Muskeln entspannen, flacher Atem bekommt Tiefgang, Gehirnströme zeigen sanfte Wellen, brennende Augen beginnen wieder zu leuchten. Von der inneren Ruhe ist es nicht weit bis zum inneren Feuer!

Also: Den Weg zur Stille, zur Erleuchtung, zum Glück, zur Zufriedenheit finden wir nicht in der Hängematte. Oder besser: Er könnte zwar dort beginnen. Doch was dann vonnöten ist, das ist Entschiedenheit. Weg von Ablenkung, Entertainment, weg vom Diktat des Müssens und Sollens. Und wohin?
Das können Sie nur selber formulieren, ganz allein und in der Stille. Aber sicher hat das etwas mit Kraft zu tun. Und mit Glücksempfinden. Und ganz besonders mit Liebe.

Wer die Welt erwärmen will, muss ein großes Feuer in sich tragen.

PHIL BOSMANS

Das innere Feuer bewahren

Unsere erste und wichtigste Aufgabe ist es, das innere Feuer so treu zu hüten, dass es den verwirrten Wanderern Licht und Wärme spenden kann, wenn sie es wirklich nötig haben. Keiner hat das überzeugender ausgedrückt als der niederländische Maler Vincent van Gogh:
„In unserer Seele kann ein großes Feuer brennen, und doch kommt nie jemand, um sich daran zu wärmen, und die Vorübergehenden sehen nur eine leichte Wolke aus dem Kamin aufsteigen und gehen ihres Weges. Sieh, was kann man dabei tun? Muss man das innere Feuer schüren, Salz in sich haben, geduldig und dennoch mit welch großer Ungeduld auf

die Stunde warten, in der jemand kommt und sich hinsetzt, um vielleicht zu bleiben? Mag der, welcher an Gott glaubt, auf die Stunde warten, die früher oder später kommen wird."

HENRI NOUWEN 1932–1996
holländischer katholischer Priester, Psychologe und Schriftsteller

Beatus ille qui procul negotiis –
Glücklich jener der fern von Geschäften.

HORAZ 65–8 v. Chr.
römischer Dichter

Wer Kraft aus der Stille schöpft, spart manche in der Medizin.

SILKE MORS

Am Baum des Schweigens
hängt eine Frucht:
der Friede.

AUS ARABIEN

Himmel und Erde verneigen sich
Und der süße Regen fällt
Jenseits der Menschengewalt
Und doch gleichmäßig
Auf uns alle.

LAOTSE

Schweigen – versöhnende Kraft

Schweigen gehört zum Wesenskern der Heiligkeit. Im Stillsein und Vertrauen liegt die Kraft der Heiligen (Jesaia 30,15). Als die Einsamkeit für mich noch ein Problem war, besaß ich keine Einsamkeit. Als sie aufhörte, ein Problem zu sein, entdeckte ich, dass ich sie bereits besaß und sie schon längst hätte besitzen können. Sie bleibt jedoch noch ein Problem, da ich am Ende erkannte, dass eine rein subjektive, innerliche Einsamkeit, die Frucht einer Bemühung um Verinnerlichung unzureichend sein würde. Die Einsamkeit muss objektiv und konkret sein. Sie muss hineinmünden in etwas, das größer ist als die Welt, das so groß ist wie das Sein selbst, damit wir in seinem tiefen Frieden Gott finden können. Wir schieben Worte zwischen uns und die Dinge. Sogar Gott ist nur noch eine begriffliche Irrealität im Niemandsland der Sprache geworden, die keinen Zugang mehr zur Wirklichkeit hat.

Das Leben des Einsiedlers durchbricht mit seinem Schweigen die Nebelschicht, die der Mensch zwischen seinen Geist und die Dinge geschoben hat. In der Einsamkeit werden wir mit dem nackten Sein der Dinge konfrontiert. Und doch entdecken wir, dass die von uns so gefürchtete Nacktheit der Wirklichkeit uns weder mit Schrecken noch mit Scham erfüllt. Sie hüllt sich in die versöhnende Kraft des Schweigens, und dieses Schweigen ist auf die Liebe hingeordnet. Unsere Worte haben versucht, die Welt in eine Schablone zu drängen, sie zu beherrschen und sogar verächtlich zu machen (weil sie sie nicht zu fassen vermochten). Diese Welt kommt uns nahe; denn das Schweigen lehrt uns, die Wirklichkeit zu erkennen, indem wir sie achten, wo Worte sie verletzt haben.

THOMAS MERTON 1915–1968
christlicher Mystiker, Trappist

Das Ganze ist doch mehr als die Summe seiner Teile.

ARISTOTELES 384–322 v. Chr.
griechischer Philosoph

Die beste Freude ist das Wohnen in sich selbst.

JOHANN WOLFGANG von GOETHE

Eines Tages ging Tokuzan über den Markt einer nahegelegenen Stadt. Dabei fiel ihm besonders ein Hirseverkäufer auf, der die Vorzüge seiner Ware mit lauter Stimme anpries. Nachdem er den Mann eine Weile beobachtet hatte, knüpfte er ein Gespräch mit ihm an und war erstaunt über dessen kluge Bemerkungen.
„Für einen Hirseverkäufer sind Sie ein großartiger Philosoph“, sagte er. „Als Eremit habe ich viel Zeit zum Meditieren“, stimmte der Mann zu. „Haben Sie gesagt ‚Eremit'?“ fragte der Meister, denn er dachte, er hätte missverstanden. Der Mann deutete auf das Menschengedränge und sprach: „Durch die Erfordernisse der Umstände wurden die letzten Spuren meines Privatlebens ausgewischt. Nun ist meine Abgeschiedenheit vollkommen.“
„Bemerkenswert“, sagte Tokuzan, „wollen Sie dies bitte erklären?“ Der Mann fuhr fort: „Vor langer Zeit wollte ich mich von der Welt zurückziehen, um ein Eremit zu werden. Ich

wurde jedoch von der Liebeskrankheit befallen und heiratete stattdessen. Meine Frau gab mir viele Kinder, einschließlich einiger guter, aber lärmiger Söhne. Immer noch sehnte ich mich nach Zurückgezogenheit, um zu meditieren. Aber die Ansprüche, die meine Familie zwangsläufig an mich stellte, nahmen zu, und meine Freizeit wurde immer kürzer. Endlich, als meine ganze Zeit ausgefüllt war, ging ich weg, und jetzt lebe ich allein im Schoß meiner Familie und im Lärm des Marktes. Ich bezweifle, ob ich je zurückkommen werde."
Er bot Tokuzan eine Hand voll Hirse an. Tokuzan staunte, als er die Hirse annahm: „Ich glaube, es gibt in ganz China niemanden Ihresgleichen."
Gutmütig wandte der Mann ein: „In ganz China gibt es niemanden außer mir."

W. J. GABB
buddhistischer Erzähler

Gott ist ein Freund der Stille

Wenn wir wirklich beten möchten, müssen wir zunächst zuhören lernen, denn Gott spricht in der Stille des Herzens. Und um diese Stille sehen, Gott hören zu können, benötigen wir ein lauteres Herz; denn mit einem lauteren Herzen können wir Gott schauen, Gott hören, Gott zuhören; und erst dann, aus der Fülle des Herzens, können wir zu Gott sprechen. Aber wir können erst sprechen, wenn wir vorher hingehört haben, wenn wir in der Stille unseres Herzens diese Verbindung zu Gott geknüpft haben.
Gebet soll nicht zur Qual werden, soll uns nicht Unbehagen bereiten, soll uns nicht bedrücken. Es ist etwas, worauf man sich freuen kann: Zu meinem Vater sprechen, zu Jesus sprechen, zu dem ich gehöre mit Leib und Seele, mit Herz und Sinn.
Deshalb wollen wir die Stille der Gedanken, der Augen und der Zunge ein wenig näher

betrachten. Die Stille der Gedanken und des Herzens: Maria „bewegte all diese Dinge in ihrem Herzen“. Diese Stille brachte sie unserem Herrn so nahe, dass sie nie etwas zu bereuen hatte. Was tat sie, als Josef verwirrt war? Ein einziges Wort aus ihrem Mund hätte ihm Einsicht geschenkt; sie sagte es nicht, und Gott selbst vollbrachte das Wunder, ihre Unschuld zu erweisen. Könnten doch auch wir so tief davon überzeugt sein, dass es Not tut zu schweigen! Dann, meine ich, wird sich ein ganz klarer Weg zu einer Gemeinschaft mit Gott auftun.

Ferner haben wir die Stille der Augen, die uns stets hilft, Gott zu schauen. Unsere Augen sind wie zwei Fenster, durch die Christus oder die Welt in unser Herz kommen. Oft brauchen wir viel Mut, sie geschlossen zu halten. Wie oft sagen wir: „Hätte ich doch dieses oder jenes nicht gesehen!“, und dennoch geben wir uns so wenig Mühe, die Begierde, alles sehen zu wollen, zu meistern.

Die Stille der Zunge lehrt uns gar viel: zu Christus sprechen, in Gemeinschaft anderer fröhlich sein und vieles zu sagen haben. Christus spricht zu uns durch andere Menschen, und in der Meditation spricht er unmittelbar zu uns.

MUTTER TERESA 1910–1997
katholische Ordensschwester in Indien

Selten gerät außer sich, wer gewohnt ist, in sich zu gehen.

JAKOB ADOLF LORENZ 1854–1946
deutscher Orthopäde

Das Tiefste hat oft das kleinste Publikum.

THEODOR FONTANE 1819–1898
deutscher Schriftsteller

Leben aus der Stille ist nichts anderes als dankbares Leben.
Wir können „mitten in der Welt“ all das, was wir tun, bestimmen lassen von jener Stille, die in der monastischen Tradition zuhause ist. Dazu bedarf es nicht einmal der äußeren Stille, obwohl diese eine große Hilfe sein kann. Wir müssen nur dankbar leben lernen.

DAVID STEINDL-RAST

Wenn *dich* alles verlassen hat,
kommt das Alleinsein.
Wenn *du* alles verlassen hast,
kommt die Einsamkeit.

ALFRED POLGAR 1873–1955
österreichischer Schriftsteller

Der Friede Gottes ist schon unter uns:
Er ist darin, dass wir lieben können.

CARL FRIEDRICH VON WEIZSÄCKER
1912–2007
Atomphysiker, Philosoph und Friedensforscher

Ich preise dich darüber,
dass ich auf eine erstaunliche,
ausgezeichnete Weise gemacht bin.
Wunderbar sind deine Werke,
und meine Seele erkennt es sehr wohl.

DIE BIBEL
Psalm 139,14

Schneller Gang ist unser Leben,
lasst uns Rosen auf ihn streun.

JOHANN GOTTFRIED v. HERDER 1744–1803
deutscher Dichter

Die Hast des menschlichen Lebens ist die Flucht vor sich selbst.

FRIEDRICH NIETZSCHE 1844–1900
deutscher Philosoph

Beginne mit der Frage zu leben,
von Moment zu Moment, wofür du dein Leben
tatsächlich, ununterbrochen,
von Augenblick zu Augenblick hingibst:

Schau da immer wieder hin!
Lass diese Frage dich begleiten, wo immer du bist!
Du wirst dabei darüber lernen, dass du bereit bist, anderen zu geben,
und in diesem Schauen und Verstehen wird sich etwas in dir wandeln.

Alles findet seine Erklärung im Lauschen.
Alles findet seine Lösung im Schauen.
Alles findet seine Wandlung im Dasein.

SAMUEL WIDMER *1948
schweizer Arzt, Psychotherapeut, Autor

Stille aushalten

Halte es einmal eine Weile mit dir allein aus. Vielleicht hast du doch ein Zimmer, wo du allein sein kannst. Oder du kennst einen einsamen Weg oder eine stille Kirche. Rede dann nicht, auch nicht mit dir selbst noch mit den anderen, mit denen wir disputieren und uns zanken, auch wenn sie nicht da sind.
Warte. Horche. Du darfst solche Stille nicht halten, um nachher darüber reden zu können. Du musst in sie so hinein, dass du insofern nie mehr aus ihr zurückzukehren entschlossen bist, als du den Ruf in diese Stille, in die schweigende Unendlichkeit hinein wirklich zu deinem letzten Wort machst, das in sich steht, das für nichts anderes da ist, das niemand zu hören braucht als der, dem es wirklich gilt. Also: Halte an, schweige, warte.

Schiele nicht nach einem seltsam mystischen Erlebnis. Es soll nichts in diesem Schweigen

hervorkommen als die lautere Nüchternheit der Wahrheit: das Reine und Stille. (...)
Du sollst schweigend auf dich zukommen lassen, die Vergangenheit, Gegenwart und Zukunft in diesem Augenblick des Schweigens, alle Wasser Deines Lebens, die sich verlaufen und verrinnen, in der einen Schale des sich gegenwärtigen Herzens sammeln.

KARL RAHNER 1904–1984
deutscher katholischer Theologe

Quellen

Wir danken allen angefragten Verlagen für die freundliche Abdruckgenehmigung. In einigen Fällen waren die Rechteinhaber nicht auffindbar. Auch in diesen Fällen bleiben die Rechtsansprüche bestehen.

AELRED von RIEVAULX, aus: Richner, Werner: Klöster – Orte der Stille, Herder, Freiburg, 2001

MARK AUREL, Selbstbetrachtungen. Bibliothek der Philosophie Bd. 2 PHAIDON Verlag, Berlin, 1991

ROSE AUSLÄNDER, Träumende Heimat. Aus: dies., Wieder ein Tag aus Glut und Wind. Gedichte 1980–1982 © S. Fischer Verlag GmbH, Frankfurt am Main, 1986

BERNHARD von CLAIRVAUX, Gotteserfahrung und Weg in die Welt, Patmos, Düsseldorf, 2002

CHAO-HSIU CHEN, Vom Glück Zeit zu haben © bei der Autorin

DSCHUANG DSI, Das wahre Buch vom südlichen Blütenland, Diederichs, München, 2006

W. J. GABB, Der Eremit und andere Zen-Erzählungen. Kommentiert von Henry B. Platov, Theseus, Zürich 1989

JOHANN WOLFGANG von GOETHE, aus: Horst Rüdiger et al: Goethe und Europa: Essays und Aufsätze 1944-1983. de Gruyter, Berlin, 1990

FRIEDRICH HÖLDERLIN, Hyperion, 1. Band, Erstes Buch, Hyperion an Bellarmin. Reclam, Ditzingen, 2005

WILLIGIS JÄGER, Aufbruch in ein neues Land. Hg. Von Christoph Quarch und Cornelius Collande, Herder, Freiburg 2003

JON und MYLA KABAT-ZINN, Achtsamkeit. Herder, Freiburg 2000
HARALD KOISSER, Die Rückeroberung der Stille. Auswege aus Stress und Reizüberflutung © 2007 by Orac / Verlag Kremayr & Scheriau KG, Wien
ODILO LECHNER, In der Stille finde ich die Mitte © 2008, Gütersloher Verlagshaus, Gütersloh, in der Verlagsgruppe Random House GmbH.
DERS., Weite dein Herz. Heyne, München, 2004
JOCHEN MARISS. Workoholic, aus: Jochen Mariss, Wandlungen. © Grafik Werkstatt, Bielefeld
LORENZ MARTI, Viele Lärme, eine Stille, aus: ders., Wer hat dir den Weg gezeigt? Ein Hund. Mystik an der Leine des Alltäglichen, Herder, Freiburg 2007
ANTHONY DE MELLO, Gib deiner Seele Zeit. Hg. v. Anton Lichtenauer, Herder, Freiburg 1999
THOMAS MERTON, Schweigen – versöhnende Kraft. Meditation eines Einsiedlers © 1956, 1958 by the Abbey of Our Lady of Gethsemani, veröffentlich mit Genehmigung Nr. 68'513 der Peter & Paul Fritz AG in Zürich
SILVIA OSTERTAG, Lebendige Stille. Herder, Freiburg, 2006
DIES., Stille finden – und daraus leben, Herder, Freiburg, 2007
KARL RAHNER, Stille aushalten, Schriften zur Theologie, Band 3: Zur Theologie des geistlichen Lebens, Einsiedeln 1956
JOACHIM RINGELNATZ, Aus: Zupf dir ein Wölkchen. Gedichte. Dtv, München, 2005
HERMANN ROHDE, Campus für Christus Gießen. Aus: Ideenheft ‚Jahr der Stille 2010. www.jahr-der-stille.de

ULRICH SCHAFFER, Stille sammeln, aus: ders., In der Dichte des Lebens, Herder, Freiburg 2003
KATHARINA SCHRIDDE, aus: Finde die Stille. Herder, Freiburg, 2010
ANGELUS SILESIUS, Cherubinischer Wandersmann, Reclam, Ditzingen, 1986.
DOROTHEE SÖLLE, Konzentrationsübung. Aus: dies., die revolutionäre Geduld © Wolfgang Fietkau Verlag, Kleinmachnow 1969
IRMTRAUD TARR, Vom leichten Glück der einfachen Dinge, Herder, Freiburg 1999
THICH NHAT HANH, Das Herz von Buddhas Lehre, Herder, Freiburg JAHR
ECKHART TOLLE, Leben im Jetzt. Übungen und Meditationen aus ‚The Power of Now' © 2002, Goldmann Verlag, München, in der Verlagsgruppe Random House GmbH, Übersetzung: Erika Ifang
ECKHART TOLLE, Stille spricht. Wahres Sein berühren © 2003, Wilhelm Goldmann Verlag, München, in der Verlagsgruppe Random House GmbH, Übersetzung: Erika Ifang
ROBERT WALSER, Der Spaziergang. Mit Genehmigung des Inhabers der Rechte, dem Robert-Walser-Zentrum Bern © Suhrkamp Verlag Zürich 1978 und 1985
SIMONE WEIL, Cahiers Bd.3, Hanser, München, 1991
SAMUEL WIDMER, Aus der Stille. Short cuts to Enlightment, Basic Editions Schweiz, 1996
NOTKER WOLF, Ganz da sein, aus: ders., Gönn dir Zeit. Es ist dein Leben. Herder, Freiburg 2009